新发展理念下人力资源管理的发展与创新

王全在 著

西北工業大學出版社
西 安

【内容简介】 本书对新发展理念下人力资源管理的发展与创新进行了全面的分析，共分为八章。主要包括企业人力资源管理的认知、企业人力资源管理规划的分析与实施、企业工作分析的难点突破与工作的再设计、当前背景下企业人员招聘问题分析、企业人力资源开发的思路与方向、企业员工绩效评估管理、企业职工薪酬体系的设计与福利保障和员工职业生涯管理创新研究等内容。

本书可作为人力资源管理的从业者和企业管理人员的参考书。

图书在版编目（CIP）数据

新发展理念下人力资源管理的发展与创新 / 王全在著. -- 西安 : 西北工业大学出版社, 2020.4

ISBN 978-7-5612-7054-7

Ⅰ. ①新… Ⅱ. ①王… Ⅲ. ①企业管理－人力资源管理－研究 Ⅳ. ①F272.92

中国版本图书馆 CIP 数据核字(2020)第 056429 号

XINFAZHAN LINIANXIA RENLIZIYUANGUANLI DE FAZHAN YU CHUANGXIN

新 发 展 理 念 下 人 力 资 源 管 理 的 发 展 与 创 新

责任编辑：雷　鹏　翟文乐　　策划编辑：雷　鹏
责任校对：杨　睿　黄　佩　　装帧设计：胡广兴
出版发行：西北工业大学出版社
通信地址：西安市友谊西路 127 号　　邮编：710072
电　　话：（029）88493844　88491757
网　　址：www.nwpup.com
印 刷 者：北京市兴怀印刷厂
开　　本：710 mm×1 000 mm　　1/16
印　　张：13.25
字　　数：230 千字
版　　次：2020 年 9 月第 1 版　　2020 年 9 月第 1 次印刷
定　　价：68.00 元

前　言

美国人力资源管理协会副总裁在接受采访时曾说：在新经济时代，技术和资金变得不再短缺，也不再重要，重要的是人才。一个公司过去的优势，如更多的资源、更强的研发能力、更多的资金等，已经不再是制胜的唯一优势。随着知识经济的到来，人，或者说是人头脑中的创造能力才是让公司脱颖而出的因素。

据有关统计显示，目前我国有近400万人在从事人力资源(HR) 管理工作，但大多数人从业经验只有3～5年，其整体管理水平有待提高。当前在我国很多单位还处在传统行政性、事务性的劳动人事管理阶段，更多注重的是静态的管理和控制，关注的是成本、使用和控制，并没把人视为可实现创新的资源，这样的人力资源管理缺乏科学性，还很不适应市场竞争的需要。此外，由于管理者的自身素质不高，给现代人力资源管理带来了极大的负面影响。

在传统思维方式的影响和用工机制下，有相当一部分人不能根据自己的特点、爱好和理想来选择适合自己的工作单位。本书的撰写正是基于这样的现实背景，笔者希望能够通过对人力资源经典理论知识的阐述和对人力资源管理实务的创新探索，为我国企业人力资源管理水平的提高尽绵薄之力，也为人力资源管理的从业者和企业管理人员提供一定的借鉴。

本书共分八章，对新发展理念下人力资源管理的发展与创新进行了全面的分析，主要包括企业人力资源管理的认知、企业人力资源管理规划的分析与实施、企业工作分析的难点突破与工作的再设计、当前背景下企业人员招聘问题分析、企业人力资源开发的思路与方向、企业员工绩效评估管理、企业员工薪酬体系的设计与福利保障以及员工职业生涯管理创新研究等内容。

知识经济的到来改变了以往人们认识和看待事物的方式，人力资源管理也在知识经济的冲击下发生了巨大的变化，由于个人认识和对人力资源管理认识上的局限，本书难免存在一定的不足和疏漏，希望广大读者和同行指正。

著　者

2019年11月

目　录

第一章　企业人力资源管理的认知

习近平总书记在2019年两会期间参加广东代表团审议时强调，发展是第一要务，人才是第一资源，创新是第一动力。

人力资源服务业是生产性服务业和现代服务业的重要组成部分，对推动经济发展、促进就业创业和优化人才配置具有重要作用。人力资源是推动社会经济发展的第一资源。我国拥有世界上规模最大的人力、人才资源，深挖人力资源这座创新发展的最大“富矿”，有利于释放发展潜能。近年来，党中央、国务院高度重视人力资源服务业发展。人力资源和社会保障部按照实施人才强国战略和就业优先战略的部署，制定了促进人力资源发展的一系列政策措施，推动了我国人力资源管理水平保持稳定的提高。

随着世界贸易企业（WTO）成员的不断扩大，世界范围内的各领域企业将享有平等的竞争权利，仅靠政策的保护发展将成为历史，企业间的竞争更趋白热化。技术在企业中不断溢出、物资资源能通过不同渠道获得，企业在竞争中立于不败之地的法宝是什么？被称作“经营之神”的日本著名企业家松下幸之助曾这样说过：国家的兴盛在于人，国家的灭亡亦在于人，古圣先贤，早有明训，回顾历史，经营事业的失败，不容讳言，与治国同一道理，在于人事安排是否适宜。因此，企业获得竞争优势的根源在于人力资源管理。

第一节　企业人力资源管理概述

一、人力资源

（一）人力资源管理的概念

在经济学上，资源是为了创造物质财富而投入到生产活动中的一切要素。一般来讲，资源可以分为自然资源、资本资源、信息资源和人力资源。

其中人力资源指能够推动整个经济和社会发展的劳动者的能力，即处在劳动年龄的已直接投入建设或尚未投入建设的人口。它是生产活动中最活跃的因素，也是一切资源中最重要的资源。由于该资源特殊的重要性，它被称为“第一资源”。

（二）人力资源的构成

在数量方面，人力资源是由八部分人口构成。具体划分如下：

(1) 适龄就业人口：指处于劳动年龄之内、正在从事社会劳动的人口，这也是构成人力资源数量的主要部分。

(2) 未成年就业人口：指尚未达到劳动年龄、但已经从事社会劳动的人口(法律禁止的除外）。

(3) 老年就业人口：指已经超过劳动年龄、仍然继续从事社会劳动的人口。

(4) 求业人口：指处于劳动年龄之内的、具有劳动能力并希望参加社会劳动的人口。

(5) 就学人口：指处于劳动年龄之内的、正在学习的人口。

(6) 家务劳动人口：指处于劳动年龄之内的、正在从事家务劳动的人口。

(7) 军队服役人口：指处于劳动年龄之内的、正在军队服役的人口。

(8) 处于劳动年龄之内的其他人口。

其中(1) ～(3) ，构成社会就业的人口，即现实的人力资源；其他为潜在的人力资源。

人力资源质量方面的构成包括人的心理、行为、学历、智力以及能力等方面。

（三）人力资源的特征

人力资源是经济资源的一个特殊的种类，既有质、量、时、空的属性，同时也具备自然的生理属性。研究人力资源的特点，对于把握它的数量、质量，对于研究它的形成、开发、配置、使用的意义是非常重大的。

1. 人力资源具有主观能动性

人不同于自然界的其他动物的根本标志之一是具有主观能动性，能够积极主动、有目的、有意识地认识世界和改造世界。在对客观世界进行改造的过程中，人能通过意识对所采取的行为、手段及结果进行分析、判断和预测。由于人具有社会意识和在社会生产过程中所处的主体地位，使得人力资源具有了能动作用。人力资源的能动性主要有三个方面的表现：

(1) 自我强化。通过接受教育或主动学习，使得自己的素质(如知识、技能、意志、体魄等) 得到提高。

(2) 选择职业。在劳动力市场上具有择业的自主权利，即每个人均可按照自己的爱好与特长自由地选择职业。

(3) 积极劳动。人在劳动过程中，会产生敬业、爱业精神，能够积极主动地利用自己的知识和能力、思想与思维、意识与品格，有效地利用自然资源、资本资源和信息资源为社会和经济的发展创造性地工作。

另外，人力资源还能起到创造作用的因素。由于人具有创造性思维的潜能，这种潜能可在两个方面发挥作用：

(1) 人在社会和经济发展过程中往往能创造性地提出一些全新的方法，加速社会的进步和经济的发展。

(2) 人是能适应环境的变化和要求的，能担负起应变、进取、创新发展的任务，从而使企业更加充满活力。

2. 人力资源具有时效性

人力资源是存在于人的生命之中，它是一种具有生命的资源，它的形成、开发和利用都要受到时间方面的限制。从个体角度来看，作为动物有机体的人，是有着自己生命周期的，如幼儿期、青壮年期、老年期，不同阶段的劳动能力是不相同的，因而这种资源在各个时期的可利用程度也不相同。从社会角度看，人才的培养和使用也有培训期、适用期、最佳使用期和淘汰期的过程。由于随着时间的推移，社会不断向前发展，科学技术也在不断地进步，这使得人的知识和技能相对老化而产生的结果。因此，人力资源开发必须尊重其内在的规律，使得人力资源的形成、开发、配置和使用处于一种动态平衡之中。

3. 人力资源具有两重性

人力资源既是投资的结果，同时又能创造财富，或者说它既是生产者也是消费者。人力资源的两重性，要求我们既要重视对人口数量的控制，而且对人力资源质量的开发和人才的培养更加重视。充分地利用和开发现有的人力资源，是降低人力资源成本，获取人力资源收益的基本途径。

4. 人力资源具有可再生性

与物质资源一样，在使用过程中人力资源也会出现无形或有形的磨损。人自身的疲劳和衰老就是有形磨损，这一损耗是不可避免的、无法抗拒的。无形磨损是指个人的知识和技能与科学技术发展相比的相对老化，可以通过一定的方式与方法减少这种损耗。物质资源在形成产品、投入使用并磨损以后，一般予以折旧，不存在继续开发问题。但使用人力资源的过程中，有一个可持续开发，丰富再生的独特过程，使用过程也是一个开发的过程。人在工作以后，可以通过不断的学习使自己的知识得以更新，提高自己的技能；而且通过工作，可以积累经验，充实提高。因此，人力资源能够实现自我补偿，自我更新，自我丰富，持续开发。这就要求人力资源的开发与管理要注重终生教育，对后期的培训与开发需要加强，对于道德水平要不断提高。

5. 人力资源具有社会性

由于每一个企业都有其自身的文化特征，每一种文化都是一个企业的共同的价值取向，但是这种文化特征是通过人这个载体而表现出来的，由于每个人受自身文化和社会环境影响各不相同，其个人的价值观也就存在着差异，在生产经营活动、人与人交往等的社会性活动中，其行为可能与自身的文化所特有的行为准则发生矛盾，可能与他人的行为准则发生矛盾，这就要求人力资源管理注重团队的建设，注重人与人、人与群体、人与社会的关系及利益的协调与整合，倡导团队精神。

二、人力资源管理及其基本职能

（一）人力资源管理的科学认识

1. 人力资源管理的概念

人力资源管理，是指对人力资源的生产、开发、配置、使用等诸环节所进行的计划、企业、指挥和控制的管理活动。它是研究企业中人与人关系的调整，人与事的配合，以充分开发人力资源潜能，调动人的积极性，提高工作效率，改进工作质量，实现企业目标的理论、方法、工具和技术。一个人力资源管理部门，要对所获得的人力资源进行整合、调控及开发，并给予整合的报酬进而有效地开发和利用人力资源。

人力资源管理是实现企业目标的一种手段。在管理领域中，人力资源是以人的价值观为中心，为处理人与工作、人与人、人与企业的互动关系而采取的一系列的开发和管理活动。人力资源管理的结果，就企业而言是企业的生产率的提高和竞争力的增加；就员工而言，则是工作生活质量的提高与工作满意度的增加。生产率的提高反映了产出的商品或提供的服务与投入的人力、财力、物力的关系，工作生活质量的提高则反映员工在工作中所产生的生理和心理健康的满足感。

2．人力资源管理的特点

(1) 普遍性。人是社会的人，人类社会要生存发展就要处理好人、事、企业之间的关系，就需要人力资源管理。可以说，人力资源管理是伴随着人类社会的发展而发展的，由此也决定了人力资源管理的普遍性。

(2) 适应性。经济基础决定上层建筑，上层建筑反映经济基础，并为其服务。作为上层建筑的人力资源管理制度正是在适应生产力不断发展的过程中不断完善的，它与当前的生产力和经济基础是相适应的。因此，人力资源管理也就具有适应性。

(3) 综合性。社会是复杂的，人和事也是多种多样的，随着客观情况的变化而不断变化，这就决定了进行人力资源管理时要考虑经济、文化、政治、企业、心理、民族等各方面的因素。人力资源管理是一门相当复杂的综合性学科。

(4) 民族性。人是有思想的，人又是社会的人，人的思想感情影响着人的行为，而民族文化传统又制约着人的思想感情。人力资源管理以人为重点，理所当然带有鲜明的民族特色。

(5) 全面性。人力资源管理不仅以人力资源作为自己的管理对象，而是将全体有关人员都纳入自己的管理范围中来。因为人力资源的概念是动态的、相对的，所以在实施人力资源管理中应该尽量避免单纯人才的概念，非人才群体也是人力资源管理的对象。

3．人力资源管理的意义

人是人类社会政治、经济、文化等诸多方面最为重要的因素。因此，在人类所拥有的一切资源中，最宝贵的是人力资源。实践证明，重视并加强人力资源管理，对于促进社会和企业发展，提高劳动生产率，获取最大的社会和经济效益的意义是非常重大的。

(1) 有利于充分发挥员工的积极性、创造性。人既是经济人同时还是社会人。因此，任何企业的员工既受企业自身的影响又受到社会的影响。有调查发现，按时计酬的员工每天只要发挥自己20%～30%的能力，就足以保住个人的饭碗。企业通过重视和加强人力资源管理，为劳动者创造并提供适宜的工作环境和工作制度，妥善处理物质奖励、行为激励和思想教育工作之间的关系，可以将员工的潜力充分的挖掘出来，将员工的积极性、主动性和创造性最大限度地发挥出来。

(2) 有利于促进企业和社会的发展。企业通过人力资源管理，可以使各生产要素之间不论在质的方面，还是量的方面，不断地得以协调，达到资源的最佳配置。不仅可以使正常的生产经营秩序得以保持，保证人力资源管理活动的各环节互相协调，相互衔接，保证人力资源管理活动与企业的战略方向和目标一致，而且由此保证了企业和社会发展目标的实现。

(3) 有利于管理者及被管理者的共同发展。通过对人力资源进行管理，使企业的每个员工能够对自身有一个正确的认识，更加尊重别人，创造更加和谐的关系。同时，通过人力资源培训教育与开发，员工的理论知识和各种技能可以不断提高，员工对企业和社会的适应能力不断增强。

(二) 人力资源管理的基本职能

具体来说，人力资源管理的基本职能包括以下几个方面。

1．人力资源规划

系统分析和确定企业人力资源需求的过程就是人力资源规划，以确保在企业需要时能获得一定数量的可以满足岗位要求的员工。在制定人力资源规划时，进行职务分析是首先要做的，以确定每一个工作岗位的职责、任务、所需的知识技能和能力。人力资源规划和职务分析为人力资源招聘和选拔提供了依据。

2. 员工招聘和选拔

随着竞争不断加剧，企业发展和赢得竞争优势的基础是拥有足够数量的可以满足要求的人力资源。在战略型人力资源管理中，员工招聘和选拔的理念与以往相比发生了变化。发现人才、吸引人才、构建企业潜在新员工供给来源、选拔最适合企业的人才成为招聘选拔工作的重要任务。

3. 人力资源开发

在人力资源管理中，人力资源开发是具有战略性意义的工作。任何一个企业都处在一个不断变化之中，为保证企业获得并保持竞争力，就必须不断地对人力资源进行开发，使人力资源不断增值。人力资源开发包括员工职业生涯计划、员工发展、业绩评估等工作，它应该贯穿于员工职业生涯始终，并且与企业目标紧密联系在一起。

4. 员工薪酬管理

薪酬和福利是对员工工作付出的合理回报。企业吸引人才的一个重要方面就是具有有竞争力的薪酬福利体系，同时这也是激励员工的重要手段。完整的薪酬体系应包括两个方面，即货币薪酬和非货币薪酬。

5. 企业文化和领导艺术

现代人力资源管理强调“以人为本”的管理理念，管理过程的人性化受到注重。将建设企业文化纳入人力资源管理的范畴内，其目的就在于通过企业文化树立企业的价值观，使企业成员的行为得到规范。“以人为本”的管理理念也使得领导艺术成为现代人力资源管理的重要内容。

6. 劳动关系与劳动法律

人力资源管理涉及劳动关系的诸多方面，如劳动用工、劳动时间、劳动报酬、劳动保护、劳动争议等方面。随着有关法律的不断健全，人力资源部门在处理有关劳动关系的事宜时必须按照法律的程序执行。

人力资源管理的各个职能之间联系紧密，并且相互影响。职务分析和人力资源规划是人员招聘和选拔的依据，也是业绩评估和员工培训的依据和标准；有效的招聘可以减少员工的培训，将工作水平提高；具有竞争力的薪酬有助于吸引人才，也有助于激励员工。

传统的人力资源管理称之为人事管理，其主要工作内容是招聘、培训、工资发放、档案管理等，承担着单纯的行政事务性职能。而现代人力资源管理摆脱了单纯的行政事务工作，从人力资源管理的全方位支持企业战略目标的实现。

传统的人事管理从事的是简单重复性工作，面对的问题是常规的，通常可以用标准化的解决方案来处理。现代人力资源管理面临的问题是企业的不断变化给人力资源管理工作提出了新要求，从事的是复杂的、非常规性的工作，没有标准的解决方案，所处理的每一项业务都需要专业知识与技术，如薪酬方案设计、选择招聘方法、促进员工发展等。如今，越来越多的企业将事务性工作委托给专门的人事服务机构，而将更多精力放在制定人事战略、开发人事工具、为员工及业务部门提供人事咨询等职能上。

（三）人力资源管理的主要内容

人力资源管理，与其他管理职能一样，它服务于企业总体战略目标，是一系列管理环节的综合体。而人力资源管理的主要环节或主要业务内容包括以下几方面：

1．人力资源规划

人力资源规划是指企业为适应内外环境的变化，以企业总体发展战略为依据，并对员工的期望充分考虑，而制定的企业人力资源开发与管理的纲领性长远规划。人力资源规划是企业人力资源开发与管理活动的重要指南，是企业发展战略的重要组成部分，也保证了企业的发展战略有效的实施。

2．职务分析与评价

职务分析就是对企业所有工作岗位的特征和任职要求进行界定和说明。具体来讲，职务分析是对企业中某个特定工作职务的目的、任务、职责、权力、岗位隶属关系、工作条件、任职资格等相关信息进行收集与分析，以便对该职务的工作做出明确的规定，并确定完成该工作所要求的行为、条件、人员的过程。职务分析的结果是形成每一工作岗位的职位描述、任职资格要求、岗位业务规范；职务评价是对企业各工作岗位的相对价值进行的评估和判断。具体来说，职务评价就是找出企业内各种职务的共同付酬因素(如岗位职责、任职资格要求、工作困难程度、工作环境的艰苦程度、岗位供求关系等)，根据一定的评价方法来确定不同工作岗位的价值。职务评价的结果是形成企业不同工作岗位的工资体系。职务分析与评价就像产品的说明书和产品标价，产品说明书和产品标价能够使消费者明明白白地消费，而职务分析和评价能使员工明明白白地工作、清清楚楚地拿钱，因此，职务分析与评价是企业人力资源管理的基础业务。

3. 招聘、培训、绩效考核、薪酬管理

招聘是人力资源核心业务的首要环节，它是企业不断从企业外部吸纳人力资源的过程，能保证企业源源不断的人力资源需求；培训是企业人力资源开发的重要手段，它包括对员工的知识、技能、心理素质等各方面的培训，是企业提升员工素质的重要保障;绩效考核是指运用科学的方法和标准对员工完成工作的数量、质量、效率及员工行为模式等方面进行综合评价，从而确定相应的薪酬激励、人事晋升激励或者岗位调整，绩效考核是实施员工激励的重要基础；薪酬管理是企业人力资源管理的一个极为重要的方面，它主要包括薪酬制度与结构的设计、员工薪酬的计算与水平调整、薪酬支付等内容，是企业对员工实施物质激励的重要手段。

4. 人力资源管理的其他工作

人力资源管理的其他工作主要有人事档案管理、员工合同管理、员工职业生涯管理、退休员工管理、员工健康与安全管理、劳动关系管理等等。

第二节　新时期人力资源管理面临的挑战与机遇

一、新时期人力资源管理面临的挑战

人力资源管理的一个基本的假定：不同的人事管理决策导致不同的结果。其原因是管理层的人事决策不仅影响管理层本身的成败，也影响着员工的行为、绩

效和满意程度，从而影响员工对客户的态度，影响他们的公平感，最终影响到整个企业的绩效。而管理人员的人力资源管理决策所依赖的客观环境和主观条件都在不断变化，这对今后人力资源管理理论和实践的发展都构成重要的约束。在制定人力资源管理决策时，必须考虑到企业的特征、工作的特性，以及企业的内外部环境。其中，外部环境包括经济、政治、社会文化、法制等多方面因素，而有关人力资源管理决策的企业领导层面的因素则包括企业的规模、行业、地理位置以及研究开发在企业中所处的地位等。与人力资源管理有关的企业特征包括企业的财务状况、企业所应用的技术、经营战略和企业结构的设计。所有这些因素对企业中工作的特性以及人力资源管理都具有重要的影响。

（一）人力资源管理对全局战略规划的要求不断提高

一个企业的战略要为企业设定长期目标，研究诸如进入什么行业，以及如何与对手开展竞争等问题。企业的战略把决策与方向结合在一起以实现特定的目标，企业在各个层次上都会涉及战略问题。最基本的战略问题是整个企业层次的，如决定企业应该进入什么行业。同时，企业中的每个经营单位(如利润中心) 都要涉及部门层次的战略问题。这一层次的战略决策重点考虑如何在特定的市场上开展竞争。一个企业有财务部门、市场部门、人力资源管理部门等职能部门，这些具体部门的战略的基本目标是更好地服务于整个企业和所在部门目标的达成。在这一层次上，战略应该转化为可以操作的目标。以人力资源管理部门的战略为例，它包括以下三个主要任务：第一，确保企业的人力资源与公司的经营战略相互配合；第二，建立人力资源的目标与计划；第三，与各个部门的管理层合作，确保人力资源计划的贯彻执行。

国外有学者特别强调所谓的战略人力资源管理。战略人力资源管理的基本假定是适应企业条件的人力资源管理决策对企业绩效具有积极的影响。换言之，人力资源的战略决策有助于帮助管理层制定人事决策，从而促进企业的成功。具体而言，企业的外部条件、企业本身的条件和员工的特征相互配合，在此基础上制定出关键的人力资源管理决策，从而促进企业绩效。企业绩效表现在实现企业战略目标、改善企业财务状况、增加企业股票的市场价值和改进员工的表现等。

(二) 财务、技术与人力资源管理的关系更加复杂

从企业的财务状况来看，如果企业没有足够的收益，就无法向员工支付报酬、无法进行培训项目，也无法资助下岗员工寻找新的工作。在企业的人力资源管理活动中，尤其是雇用多少员工、支付多高的报酬以及是否对其进行培训等活动占支出的很大比例。因此，企业在制定这些决策时必须考虑自身的财务状况。在法制比较健全的情况下，人力资源管理甚至还要涉及企业在什么财务状况下才可以暂时解雇员工。当然，利润分享计划允许员工报酬随着公司财务状况的变化而变化，因此具有一定的弹性。

企业的技术是指企业在提供产品和服务的过程中所使用的程序和工艺。技术的进步把人们从危险、繁重和枯燥的体力劳动中解放出来。特别是技术的进步使得采用这些新技术的小企业有能力与大规模的发展缓慢的企业进行竞争。由于新技术而出现的新的工作岗位确实比现有工作岗位要求更高的技能水平，因此各个企业都需要使自己的员工在技能上具有足够的灵活性以适应这种不断变化的技术发展。员工在工作设计中参与决策有助于提高员工对不断变化的技术要求的适应性。一般地，技术可以分为大规模生产技术和灵活分工技术。大规模生产采用专用技术生产标准化的产品，因此只需要一般技术的员工。在灵活分工的情况下，工作任务比较复杂，对员工的技术水平要求比较高。任务通常分配给工作小组而不是员工个人，员工以工作小组的形式组织起来。即使生产相同的产品，也可以采用不同的技术水平，运用灵活分工的技术可以减少员工工作种类的划分，增加企业对环境变化的适应性。

(三) 人力资源决策与企业结构的匹配性要求更高

一般而言，人力资源决策应该与企业的结构相互适应。企业的结构是企业条件的一个重要方面，对人力资源管理决策具有重要的影响。在传统的金字塔式企业结构中，强调的是命令与控制。在这种情况下，员工的任务被清晰地描述出来，因此企业对员工的期望是明确的，员工的晋升路线是清晰的垂直晋升，晋升意味着责任的增大、地位的提高和更高的报酬，人力资源管理的全部信息都集中在企业的最高管理层。相比之下，在扁平式企业结构中，强调对员工的授权，并把被

授权的员工组织成工作小组，企业鼓励员工扩大自己的工作内容，提高员工的通用性和灵活性，培训系统和报酬系统都支持水平的晋升。在网络化企业中，多个公司根据各自员工的专长组成各种工作小组，完成特定的任务。这种工作小组通常包括各个方面的专家，也更加强调员工的参与管理，重新构造企业的边界。从趋势上看，人力资源管理将更加强调员工个人与工作小组在员工前程和就业安全中的责任，工作小组的绩效将成为关注的核心。

随着企业结构的变化，管理层的作用也在发生变化。在金字塔式的企业结构中，管理层的主要作用是指挥员工，最大化员工的努力，实施和贯彻上级推动的变革，简洁明了地沟通信息。在扁平化企业结构中，管理层的作用是促使员工积极参与，在各个工作小组之间进行协调，为工作小组向上级争取各种资源，同工作小组成员进行互动式沟通。在网络化企业中，管理层的作用是发展合作伙伴，帮助多元化工作小组积极合作以实现企业全局的目标，促进持续的技术创新以不断满足客户的需要，判断不断完善工作方式的需要。

（四）企业员工对工作和生活质量的要求不断攀升

工作生活质量一般有两种含义，一是指一系列客观的企业条件及其实践，包括工作的多样化、工作的民主性和员工参与管理的程度，以及工作的安全性。二是指员工工作后产生的安全感、满意程度以及自身的成就感和发展感。第一种含义比较强调描述工作的客观状态，第二种含义比较强调描述员工的主观需要。如果把这两种含义结合在一起，工作生活质量就是指员工喜欢他们所在的企业，同时企业也具备能够满足员工自我成就需要的工作方式。换言之，工作生活质量是指在工作中员工所产生的心理和生理健康的感觉。美国的一项调查表明，在辞职的打字员中，有60%是由于工作枯燥无聊，而不是工作任务繁重。

影响工作生活质量的因素有很多。有研究显示，衡量员工工作生活质量的因素包括劳动报酬(77%的员工认为最重要)、员工福利(主要指医疗保健和退休保险问题等)、工作的安全性、灵活的工作时间、工作的紧张程度、参与有关决策的程度、工作的民主性、利润分享、公司改善员工福利的计划和一周4天工作制等。有时劳资谈判对决定工作生活质量的内容具有重要的作用。第一个工作生活质量协议是1973年在美国汽车员工联合会与通用汽车公司之间通过谈判达成的。在美国至少有20%以上的劳资协议包括了提高工作生活质量的计划。企业管理部门接受工作生活质量要求的目的是减少员工的抱怨和争吵，促进员工的积极性，提高产品质量和降低缺勤率，从而获得效益。

美国通用汽车公司的工作生活质量计划很有代表意义。为了消除员工阶层与管理阶层合作的障碍，他们采取了一系列措施。其中在着装要求上，普通员工和管理人员都着工作便装，不系领带。在停车问题上，通用汽车公司关闭了管理人员的车库，不实行管理人员的保留车位制度，普通员工与管理人员使用相同的停车场。在饮食服务设施上，也没有普通员工和管理人员的区别，使用同一个餐厅，不设单间。此外，休息室也没有普通员工和管理人员的区别。通用汽车公司在质量检验环节也做了很大的改进。他们认识到高质量的产品不是检验出来的，而是由各个生产环节的员工生产出来的。因此，他们改变了原来那种检验最终产品的做法，而是将产品质量的检验落实到每一道工序和每一位员工。具体做法是使用一张品质检验单伴随生产的全过程。在产品生产的每一个环节，员工都要在上面填写本道工序的要求是否已经正确地完成，还有哪些问题需要下道工序在加工时注意。这种质检方法提高了员工的参与程度，增强了员工的责任心，使员工能够更直接地感受到自己工作的成果和意义。

为了提高员工的工作生活质量，企业可以采取一系列的措施。工作生活质量的核心是员工参与管理。员工参与管理本身意味着企业中权力的再分配，因此它要求管理层把下属看作成熟的个人。它对于原来的主管人员的工作既是一种补充，也是一种挑战。

日本式的企业管理是以高度的参与和认同为基础的管理。日本的员工在企业中感到自己受到尊重，被企业关心，同时他们也忠心耿耿地为企业的最大利益而努力工作。

从国外的实践看，员工参与企业管理的形式主要有以下五种：

(1) 建立质量控制小组以及解决各种问题的小组。工作小组的形式有很多，每个小组一般由本部门的4～10名员工组成，主要解决浪费、设备损坏和维护、工作设施和配合等问题。

(2) 劳资双方合作。组成劳资委员会，以使劳资双方求大同存小异，防止矛盾发生或升级。在美国，劳资合作是提高员工工作生活质量的制度基础。

(3) 参与工作设计和新工厂设计。参与式工作设计对那些工作任务具有高度的独立性，同时员工具有强烈的个人成长发展要求的小组特别有效。这些小组对工作的计划、操作和质量控制负责。

(4) 实现收益分享和利润分享。这种参与方式在员工的行为对决定经济效益的因素(工时、材料损耗等) 具有很大影响的情况下非常有效。收益分享计划的含义是指建立以时间-动作研究为基础的生产标准，对于生产率提高获得的收益部分由企业和员工共同分享。

(5) 实行企业的员工所有制。这种参与方式通常是在企业处于危险的情况下才实施的。员工通过购买企业股票而部分地或全部地获得业主权，比较适合于规模比较小的企业。现有的实践结果表明，通过工作奖励制度来提高生产率和通过工作内容的改革来增加员工的责任心和自觉性是最有效的参与形式。

(五) 人力资源管理需要关注的细节越来越多

人力资源管理观念是指一个人对人的行为的基本假定以及据此采取的人事管理行动。这些假定包括：他们值得信任吗？他们喜欢工作吗?他们有创造力吗？他们的言行为什么会不一致？应该怎样对待他们？等等。在当前的企业人力资源管理与开发上，企业领导和人力资源管理部门的管理手段不断更新，不断细化，保证企业的人力资源能够稳定的转化为企业的生产力。

1. 企业高层管理当局应有的哲学观

美国拍立得公司的管理哲学是，让公司所有的员工都有竭尽才智的机会，能表达其意见，能在其能力许可之下共享公司的繁荣，能赚足够的钱，使他不至于把赚更多的钱这件事一直放在心头。总而言之，让他们的工作得到充分的报酬，而且使工作成为他们生活中重要的组成部分。韩国三星集团的管理哲学是，三星不是我的公司，是我们的公司。正是在这种积极健康的管理哲学的驱使下，这些公司才能制定和实行了既有利于员工成长也有利于公司发展的人力资源管理决策。

2. 关于人性的基本假定

在管理思想史上，已经提出了多种关于人性的假定。麦格雷戈提出了 X 理论和Y理论。X理论的基本假定是，人普遍不喜欢工作，尽可能逃避；由于人的本性不喜欢工作，所以必须用强迫、控制、指挥和惩罚等手段才能使人付出努力；一般而言，人宁可接受指挥，而不愿承担责任。Y理论的基本假定是，一般而言，人的本质不是不喜欢工作；要使人努力工作来完成企业的目标，高压控制与威胁惩罚并不是唯一的手段；成就感、自尊和自我实现等较高层次的需要可以激发人的积极性；在适当的条件下，大多数人不仅会承担责任，而且会更进一步主动承担责任；多数人都能发挥出相当水平的想象力、聪明才智和创造力，来解决企业中的各种问题。

3. 激励员工的需要

管理层是通过他人来实现企业目标的，因此，只有设法激励员工努力工作，才能成为有效的管理者。激励机制包含两个要素：第一，发现他需要什么，然后用这个事物作为员工完成工作的报酬；第二，确定他的能力是否可能完成这项工作。换言之，欲望和能力是实现激励功能的两个要素。激励模式对企业的人力资源管理政策的制定有很大的指导意义。在激励员工的过程中，最重要的问题是员工的工作积极性是否很高?如果不是很高，那么可以有以下几种选择。第一，提高员工的能力，方法是进行工作分析、选拔、训练和发展；第二，满足员工的欲望，方法是采用激励原理，执行薪酬计划，对员工提供奖励、福利和服务；第三，进行绩效评估，发现问题并寻找修正措施。

二、人力资源管理的发展面临的机遇

（一）价值考量机制更加科学

作为智力资本的所有者，知识型员工除了要获得工资性收入外，还要求与货币资本的所有者共享企业的价值创造成果。报酬不再是一种生理层面的需求，而是一种成就欲望层面的需求，是个人价值与社会身份的象征。知识型员工内在的需求模式的混合交替性加剧了薪酬体系的设计难度，为了开发员工的潜质，企业必须“按知分配”，提供涵盖企业权利(包括股权、职权、晋升机会等) 和经济利益(包括工资、奖金、红利、福利等) 的多元价值分配形式。

(二) 员工的知识素养和价值意识提升

知识型员工的工作积极性主要来自与工作本身相关的因素，追求更高层次的需要成为驱使行为的动力，他们对自身价值的实现非常关注。管理者在进行工作设计时，必须充分考虑员工潜在的多元化需要，用角色定位的说明书代替传统的工作说明书，对人力资源进行分层、分类管理，根据层次、类别的不同制定不同的任职资格、行为标准和工作规范，做好企业价值要求与员工成就意愿的协调工作，加强人才的风险管理，通过信息、网络组建虚拟工作团队或项目团队。在人力资源规划过程中，不仅要设计和改进职业阶梯，为员工提供更多的职业发展机会，使其明确长期目标，树立为企业发展而奋斗不息的信念；而且应通过教育、培训等方式积极鼓励，引导员工进行个人职业生涯设计，帮助员工实现岗位的水平轮换和垂直升迁，使员工在流动中重新认识自我，以便最大限度地开发其潜能。

人才主权是指人才具有更多的就业选择权与工作的自主决定权，而不是被动地适应企业或工作的要求。企业要尊重人才的选择权和工作的自主权，并站在人才内在需求的角度，为人才提供人力资源服务，以赢得人才的满意与忠诚。人才主权时代的动因主要有三个方面：

首先，知识与职业经理人成为企业价值创造的主导要素，企业必须承认知识创新者和职业企业家的贡献与价值，资本单方面参与利润分享的历史已经结束，知识创新者和职业经理人具有对利润的索取权。这就彻底改变了资本所有者和知识所有者之间的博弈关系，利润的索取权力是人才主权的基础和理论依据。

其次，21 世纪，社会对知识和智力资本的需求比以往任何一个时代都更为强烈，导致知识创新者和职业企业家等人才短缺的现象加剧。这就一方面使资本疯狂地追逐人才，另一方面，人才揣着能力的选票来选企业，具有更多的工作选择权。人才通过引入风险资本，即用知识雇佣资本，通过知识转化为资本的方式，来实现知识的资本化。

最后，世界经济的一体化，使人才竞争国际化。当前，我国在国际上受到冲击最大的不是我们的产品市场，而是人才市场，尤其是企业家人才和热门技术人才的竞争日益白热化。这就使人才流动的范围拓宽，人才职业选择权加大。人才主权时代使得那些能够吸纳、留住、开发、激励一流人才的企业成为市场竞争的真正赢家。同时，也有可能给企业带来短时间的负面效应：一方面，企业一味通过高薪留住、吸纳人才，造成热门人才的价值与价格背离，出现人才泡沫；另一方面，人才流动成为人才价值增值与价值实现的一种途径，使人才跳槽频繁，人才流动风险增大。

（三）企业对人力资源管理越来越重视

现代企业经营战略的实质，就是在特定的环境下，为实现预定的目标而有效运用包括人力资源在内的各种资源的策略。通过有效的人力资源管理，将促进员工积极参与企业经营目标和战略，并把它与个人目标结合起来，达到企业与员工“双赢”的状态。因此，人力资源管理将成为企业战略规划及战略管理不可分割的组成部分，而不再只是战略规划的执行过程，人力资源管理的战略性更加明显。

进入21世纪，一个企业想要获得或保持竞争优势，战略规划和人力资源对其发展和前途都是最重要的，而且这两者必须紧密结合起来。因为战略规划的各个要素都包含人力资源因素，都必须获得人力资源的支持才能实现。这种变化趋势对人力资源管理来说也同样具有重要意义。因为人力资源规划是衡量和评价人力资源对企业效益贡献的基础，如果不真正清楚企业的战略目标，不将人力资源发展与企业战略目标紧密结合起来，人力资源规划就会变得毫无意义。因此，人力资源管理与企业战略规划的一体化，从根本上提供了人力资源以及人力资源管理对企业做出贡献的机会。

（四）全球化、信息化拓展了人力资源开发空间

经济和企业的全球化，必然要求人力资源管理策略的全球化。第一，人才流动国际化、无国界。21世纪，企业要以全球的视野来招聘和选拔人才，以更宽广的视野看待人才的流动。第二，人才市场竞争的国际化。国际化的人才交流市场与人才交流将出现，并成为一种主要形式。人才的价值(价格) 不仅仅是在一个区域市场内来体现，人们将更加频繁地按照国际市场的要求来看待人才价值。第三，跨文化的人力资源管理成为重要内容。不同文化背景的人在一起，就构成了跨文化的环境。在跨文化背景下对不同层面的多样化的人力资源进行有效管理，是人力资源管理的重要任务。第四，人才网成为重要的人才市场形式。要通过利用网

络优势来加速人才的交流与流动，并为客户提供人力资源的信息增值服务。第五，人才流动的速率越来越快，流动交易成本与流动风险逐步增加，人才不断流向高风险、高回报的知识创新型企业。面对这种情况，企业应由“筑坝”防止人才跳槽流动转向“修整渠道”，即在企业内部创造良好的人力资源环境，对“流水”进行管理，控制好“河水”的流量和流速。

第三节　企业人力资源管理的现代化

一、人力资源管理的现代发展的转变

对企业中人力资源管理的重视，要求人事管理向人力资源管理的转变，即从单纯的认识观点转向人事-经营的观点，从事务导向转向战略导向，从强调控制转向重视开发，从封闭管理转向开放式管理。

（一）从单纯人事观点转向人事-经营观点

人事管理建立的人事控制体系把人的因素与经营活动分割开来。人力资源管理则强调经营需要的重要性，建立综合考虑人的问题与经营问题的机制。简单讲，人事管理是用单纯的人事观点解决人事问题，把人事问题仅仅看作是人的问题，不会把它和企业的经营活动联系起来。事实上，许多人事问题的背后隐藏着经营问题，是经营问题造成的，经营问题不解决，人事问题不可能解决；反之亦然，许多问题从表面上看是生产问题，或销售问题，或财务问题，实际上是人的问题，人的问题不首先解决，其他问题不可能解决，或不可能从根本上解决。人事工作与其他经营活动是相互影响的。人力资源管理要求把人的因素与企业经营的因素结合起来解决人事问题，在更大程度上与企业决策相联系。

（二）从事务导向转向战略导向

传统的人事管理大多属于行政事务性工作。例如，与求职者面谈，向新员工

介绍企业情况，组织员工参加培训，办理人员入职、离职手续，编制工资表并按时发放工资，保管人事档案资料等。人力资源管理并不排除日常的人事行政工作，与人的管理有关的各项日常工作必须有效地和恰当地予以完成，但又不能限于这些日常工作。随着经营环境的变化，人力资源管理还要承担起战略职能，如制定人力资源规划，分析劳动力变化趋势，协助企业进行改组和裁员，跟踪国家政策与法律法规的变化等。在这两种职能中，人力资源管理更多地强调战略职能，强调如何使人力资源为实现企业目标做出更大贡献。

（三）从强调控制转向重视开发

传统的人事管理观念强调控制，将员工看作是被管理、被控制的对象，将人事制度看作是进行控制的工具，制定许多的规章制度要求员工遵守。传统的人事管理事实上是把人单纯地看作成本，支出越少越好，减少支出就要加强控制，很少考虑对人进行投资从而获得更大的回报。此外，传统的人事管理缺乏激励机制。人力资源管理则将人视为一种在生产过程中起能动作用的特殊的经济资源，认为在经济发展主要依靠知识的新经济时代，作为知识载体的人在经济发展中具有特殊地位和作用。因此，人力资源管理要求将员工视为企业非常珍贵的资源与财富，与资金、技术和其他投入要素具有同等的重要性，只要对人力资源加以开发和有效的管理，就能使之成为提高企业竞争力的重要推动力。

（四）从封闭式管理转向开放式管理

传统的人事管理将企业看作是不受外部环境影响的封闭的系统，这种观念显然不能适应市场经济的要求，也不符合现实的实际情况。人力资源管理将企业看作开放的系统，人力资源管理工作不仅受企业生产、销售、财务、经营战略等内部环境的影响，还受经济、技术、社会文化、政治法律、市场竞争等外部环境的影响。因此，人力资源管理对环境变化的反应能力和适应性变得非常重要。

人事管理向人力资源管理转变是管理观念的根本性变革。如前所述，人力资源管理信奉并遵守以人为本的管理观念，强调人的价值，尊重人，信任人，认为人人都有自我发展、自我实现的追求。

二、人力资源管理在现代经济中发展

(一) 互联网与人力资源管理

1. 企业人力资源管理在“互联网+”时代下的新特征

(1) “互联网+”大数据提升了人力资源管理水平。“互联网+”大数据应用于企业人力资源管理是基于思维转变的转型。在互联网构建人才系统，可以促进人力资源信息的共享，及时发现需要的人才和企业的发展机遇。大数据思维可以弥补传统绩效评估的不足，利用这个平台加强绩效评估的有效性及科学性，不但提升人力资源管理效率，管理也更加人性化。

(2) 扁平化管理思维改进了人力资源管理模式。“互联网+”是一个平等、公平的沟通平台，注重交流、开放及分享等价值观念，员工在这个平台上可以感受到自由、平等的待遇。在这种扁平化管理思维，员工在平台上能直接了解、参与人力资源管理，甚至可以提出建议，不存在层层上报、森严层级的弊端，改进了人力资源的传统管理模式。

(3) “互联网+”打破了员工培训的局限性。“互联网+”时代打破了传统的培训方式，企业可以通过移动客户端分享培训内容或进行远程视频培训等多方位的培训渠道，不仅能提高员工的工作效率，而且节省了很多的时间，有效地提高了人力资源管理的效率。

2. 人力资源管理在“互联网+”时代下的新思路

(1) 运用“互联网+”思维进行人力资源管理。“互联网+”是一种很广泛的管理方式，企业人力资源管理者要正确认识并有效利用这种思维去管理企业事务及员工活动，通过互联网建立各种员工之间的社交平台，加强部门及员工之间的交流，提升企业的团队意识。另外，人力资源管理者在招聘、统计工资及绩效等问题上运用“互联网+”思维数据化进行，能大大提高人力资源管理的效率，进一步促进企业实现战略目标。

(2) 大力推行“互联网+”与人力资源管理相融合。很多企业的人力资源管理工作只由人力资源管理部门单独进行，这是不利于企业发展的，在“互联网+”时代下应该加强企业全员参与到人力资源管理工作中，比如员工可以通过微博、微信及企业微信公众号等这些方式参与人力资源管理活动，及时监督人力资源管理，也可以提出解决问题的建议。

(3) 构建系统的激励机制，提高人力资源管理的地位。在“互联网+”时代下，企业应当重视人力资源管理，改善人才激励制度，要把握住“互联网+”带来的机遇。这种人性化的管理和激励发展方式，可以增加员工对企业信任，在改善企业人力资源管理的同时也优化了人才激励机制，促进了企业的稳定发展。

总而言之，在企业竞争越演越烈的当下，利用“互联网+”模式有效解决人力资源管理工作当中的问题，只有这样才能提高企业人力资源管理效率，使得企业在激烈的竞争中立于不败之地。

(二) 共享经济与人力资源管理

1. 共享经济

共享经济(Sharing Economy) 最早由马科斯·费尔逊和琼·斯潘思于《美国行为科学家》杂志发表的论文《社群结构与协同消费》(*Community Structure and Collaborative Consumption：A Routine Activity Approach*) 中提出，基于人类生态学家阿莫斯·霍利的共生合作是为了满足人们可持续发展需求的这一观点，提出协同消费是一种满足日常需求并与他人建立关系的日常活动。雷切尔·波茨曼和鲁斯·罗杰斯合著的《我的就是你的：协作消费的崛起》中延续了协同消费的理念，消费者的需求从获得私有物品转移到使用需求满足，形成了新的消费模式。《中国分享经济发展报告 2016》中对分享经济的定义是：利用互联网等现代技术整合，分享海量的分散化闲置资源，满足多样化需求的经济活动总和。

目前市场上常见的共享经济通常分为两种模式，租赁模式和服务模式。

(1) 租赁模式——商品使用权共享。在共享经济蓬勃发展起来之后，很多传统的行业披上共享经济的外衣，以谋求资本的青睐，然而究其本质，仍然是一种传统的租赁行为。这其中的典型代表，就是共享单车，与此类似的还有共享充电宝，共享图书，共享雨伞，等等。这些披着共享经济外衣的“新兴事物”，其运营本质上仍然是收取押金－租出商品－收取租金－收回商品这样一个传统租借的闭环模式，与去图书馆借书，去滑雪场租雪具，并无任何本质区别，无非是利用互联网模式，减少了租借过程中的人力耗费，使得租借过程更加便捷化与自主化而已，与其叫作共享经济，不如叫作互联网时代的租借行为。此种模式也因此面临着一个传统租借行业的痛点：租金是否可以达到盈利标准，以及租借商品的损坏率是否可控两个问题。

以共享单车为例，共享单车在过去四年经历了蓬勃的爆发式发展，但也有公司经历了盛极转衰的失败。共享单车于 2014 年以“无桩”自行车的形式首次出现，2015 年在北大校园的运行标志着共享单车正式诞生。作为共享单车元年，2015 年是共享单车行业的萌芽期，仅有少数几家企业，用户规模为 245 万人；2016 年共享单车迎来百花齐放的发展期，前后共计 30 余家品牌投入市场，投放地区从北京、上海、深圳等经济中心向全国其他一线和二线城市迅速蔓延，行业累计注册用户增长到 1 886.4 万人；2017 年是共享单车的爆发期，行业竞争激烈，重新洗牌，确立了行业品牌地位，部分品牌难以存活，选择退出市场或转战三四线城市，行业累计单车投放量增长至 2 300 万量，覆盖全国 200 多个城市；2018 年共享单车增长速率趋于稳定，用户规模已经达到 2.45 亿。然而，在整个行业迅猛发展的过程中，火热与衰败共存的现象，也正表明了传统行业单纯依靠披着共享的外衣，并不能直接带来新的盈利点与全新的发展。

(2) 服务模式——人力资源共享。笔者认为，此类共享经济模式，即人力资源共享模式，才是近些年共享经济真正带来的新的经济模式，此种模式虽然在数百年前就已经开始发迹(如古老的行业协会)，然而近些年才真正地开始蓬勃的发展。此种模式不同于单纯的租借商品的使用权给使用人，更为重要的是，提供给使用人一整套的专业服务。同时也是司机的驾驶服务。而更加重要的一点是，作为经营者，并不是共享资源的拥有者，也不是服务的提供者，从公司经营的角度来看，这些公司都是轻资产的，他们提供的是一个平台——共享资源的使用者与提供者互相交易的平台。在此种模式下，共享经济具有了更加贴近本源的含义：即《中国分享经济发展报告》提出的，分享海量的分散化闲置资源。这种对于闲置资源的利用，才是真正的新的经济增长模式。

2．人力资源共享经济的运作条件

通过对上述两种模式下的共享经济的发展的对比，笔者认为，共享经济被资本追捧的核心价值并不在于其提供的商品的价值，而是在于其是否有效提高了闲置资源的利用效率，尤其是否有效提高了闲置人力资源的利用效率。而一种人力资源共享模式能否有效运行，笔者认为主要取决于以下几个条件。

(1) 外在方面。闲置人力资源的发现与利用。从外在来说，共享经济的核心在于是否能够发现社会中的闲置资源并对其加以利用，那么发现一种合适的闲置资源，就是一门共享经济是否可以成功的先决条件。这种闲置应是普遍存在的，并在此之前因为过于分散而难以被直接利用，对于该闲置资源的拥有者来说，也缺乏一个有效地将其利用起来的途径。这种对分散的闲置资源的发现是能够进行共享的前提，而找到对此闲置资源进行利用的方式，则是进行共享的核心。

(2) 内在方面。人力资源共享者的专业能力。而从闲置人力资源的提供者的角度来说，共享经济实际上利用的是提供者的专业能力。该专业能力可能是其工作本身的技能，如律师的法律知识、设计师的设计能力、程序员的编程能力等；也可能是工作技能以外的其他技能，如上班族的驾驶能力、女性员工的化妆能力等。对这些专业能力的利用，在未成体系之前，通常被称为“接私活”，而如果对其进行综合的整合，并进行科学的管理与客户对接，则是一门好的共享经济生意。在现实中，河狸家提供的美甲师，威客网提供的设计师，以及滴滴的顺风车，都是这种思路。这种专业能力，是共享经济模式对资源共享者的基本要求，而共享经济实际创造的价值，就是这种专业能力的溢出价值。

(3) 共享平台。创造更多向的选择方式。在发现社会中的闲置人力资源，并寻找到具有合适能力的资源提供者后，共享经济的经营者需要做的，是提供一个开放的对接平台，让经过筛选的资源提供者可以被消费者寻找到，并撮合双方完成交易。平台是否成功，既取决于以上两点——是否发现了分散的闲置资源，是否找到了能力足够的资源提供者，又受到平台本身建设的影响。平台是否可以对资源提供者进行合理的筛选与监督，又能否保障服务的优质以及双方的安全，是一种共享经济能否获得良好发展的重要因素。

3．人力资源在共享经济中与在传统经济模式中的差别

人力资源共享经济模式相对于传统经济模式，具有成本、价格以及个性化服

务等方面的诸多优势，同时其有效地提高了社会整体工作效率，因此，未来的人力资源共享经济模式会有更加广阔的发展，其发展的方向，可能发生在以下几个方面。

(1) 低专业度共享到高专业度共享的变更。目前较为成熟的共享经济模式，主要集中于日常生活的服务方面，如出行、美甲美发、住宿等衣食住行方面。而未来伴随着共享经济范围的扩展，将会有越来越多的专业领域，引进人力资源共享经济模式。如成立专业度较高的医疗、法律乃至金融销售、建筑设计等专业共享平台，提供专业技能共享，在提高共享者收入水平的同时，为专业服务需求者提供便利，提高社会工作效率。在这方面，已经有企业开始涉及，如平安好医生，即是提供了一个广泛的医患交流平台，让优秀的医生可以跨越医院和地区，与患者进行充分的交流。

(2) 个人消费者到企业消费者的变更。目前的共享经济的消费者，仍然主要集中于个人消费者。而未来，伴随着专业人力资源共享平台的发展，将会有越来越多的企业，成为共享经济的消费者，尤其在某些跨行业通用而又非竞争性职业上，如法律顾问、财务顾问、投资顾问等等，未来将出现平台型共享公司与专业型公司互相依存的情形，专业型公司将集中精力发展自己的主营业务，而将非核心业务交由共享公司平台上的专业人士完成。这样既避免了专业型公司不同的经营状态下，相关专业员工的冗余或紧缺状态，又降低了招聘与解雇的成本，同时使得专业型人才获得更多的工作机会，让能力突出的人才获得更高的收入水平，对行业本身也是一种有效的促进。

(3) 雇佣关系到采购关系的变更。在上述共享合作模式下，现在的传统雇佣关系将逐步变弱，企业与员工之间，从雇佣关系变更为采购关系，即由专业型企业通过平台型公司采购相关专业人才的专业技能，这种情况下，对于提供专业服务的员工的筛选和监督将由平台公司完成，由平台公司制定相关规则和服务标准，专业型公司则负责自主挑选并通过工作验收以及评价反馈等方式，帮助平台公司增强筛选能力，提高服务质量。

因此，未来人力资源共享经济将朝着更加专业化，更加细分化的方向发展，人力资源共享作为共享经济的一个重要组成部分，将会是一个有效提高社会工作效率，降低平均劳动成本的新型经济模式。

(三) 区块链与人力资源管理

1. 区块链技术能凸显人力资源管理的优点

传统的人力资源招聘渠道庞杂，获取人才被动，企业人力资源部消耗大量精力进行背景调查、人才搜寻、甄选，速度慢，成效差，对于员工的技能培养及员工绩效管理也相对薄弱。这是当下中国大多数企业正在面临的“人力资源痛点”。

将区块链技术与人力资源行业相结合，更好地为企业服务、为员工服务。区块链作为一种运用密码学的分布式账本技术，其具有交易成本低，隐私保护性强，数据不可篡改等诸多优秀的特性。像才链云这样的应用平台，无论设计理念还是技术实现都与人力资源行业非常契合，必将助力人力资源服务企业更好地实现数据化、智能化。

基于区块链技术开发的才链云正好能解决人力资源行业痛点。才链云 HR SaaS 平台能为企业提供员工关系管理、招聘管理、人事手续办理、考勤管理、审批管理、汇报管理、员工档案管理、培训管理、证书签发、信息存证等服务，让企业能以极低的成本和极高的效率完成人力资源管理工作，帮助企业将更多精力集中到自身核心业务的发展上，从而提高竞争力。

2. 打破行业边界，充分释放人类的科技智慧结晶

区块链作为最有价值的信用资产，在未来职场中，人力资源管理与区块链技术协作将得以实现，被区块链赋能的人力资源领域也将变得更加和谐高效。

技术让人们的工作状态越来越灵活透明，这也是改造世界的物质力量，才链认为，新城市、新技术和新资本在推动企业快速发展。新技术带来了自由和开放的环境。泾渭分明的企业在消失，多数是以项目制形成的灵活组合，这也是“柔性”企业的典型表现。“柔性”企业通常具备敏捷的特质，这种敏捷的特质不仅可以提升技术研发团队的效率，同样适用于人力资源团队。

3. 激发行业自我驱动，引领变化才能重生

区块链不仅为企业带来了变革，更多的是提高造假成本，构建真实、透明的职场环境，让求职者获得公平竞争的机会。作为现代化新型企业，帮助人力资源高效管理也会间接推动企业发展。在区块链应用时代，将进一步提高行业服务可

靠性，降低行业整体服务成本。

在技术飞速迭代的今天，拥抱变化只是被动应对，想要成为卓越的个人或者企业，还需要引领变化，面对物竞天择的残酷生存环境，做好基因迭代才能成为更好的个体。作为人力管理服务企业的才链，也致力于将人力资源变成一个标准化的东西，重组人力资源整个产业链的应用场景，从而引领人力资源领域的变革。

第二章　企业人力资源管理规划的分析与实施

当前，我国正处于经济发展转型时期，经济全球化持续深入，高新产业不断进步，人才在其中的地位愈加重要，各国间的竞争从根本上讲就是高素质人才的竞争。人力资源作为推动企业发展的核心力量，也已成为现代企业管理的核心和重要组成部分。

由于企业所处的内外环境发生了很大变化，提高企业运营效率和增强企业竞争力越来越受到各类企业管理研究者以及政府机构的重视。从国内现有的企业管理理论和方法来看，主要包括以西方的管理科学技术为背景的企业管理理论方法和以中国传统文化为根基的管理思想两大类别。但无论是西方的管理理论还是东方的管理哲学，对人的关注都是摆在首位的，因此在企业人力资源管理措施实施之前进行合理的分析能够提升企业人力资源管理的效率。

第一节　人力资源的需求与供给预测

人力资源的需求预测是指估计企业未来需要多少员工，需要什么类型的员工。因此，人力资源的需求预测应该以企业的目标为基础，既要考虑现行的企业结构、生产水平等因素，又要预见到未来由于企业目标的调整而导致的一系列变化，如企业结构的调整、产品结构的改变、生产工艺的改进、新技术的采用等，以及由此而产生的人力资源需求在数量和技能两方面的变化。

一、人力资源需求预测

（一）人力资源需求预测的影响因素

1．政府方针政策的影响

政府的方针政策会对企业人力资源的需求预测产生很大的影响。我国在 2018 年 12 月 29 日颁布实行了新的《劳动法》，其中强化了对弱势员工的保护制度，法律对年龄较大、再就业困难以及可能由于工作内容造成个人伤害的劳动者，给予更为坚实的保护。在这项法律中，企业不能再随便与员工解除合同，这方面的相关规定充分体现了《劳动法》保护劳动者合法权益的立法宗旨。因此，企业在进行需求分析时应注重考虑政府方针政策的影响。

2．市场的动态变化

从市场的动态来看，随着市场经济的不断发展，人民收入的不断提高，消费者的需求也变得日益复杂多样，供求矛盾更加尖锐，再加上城乡之间的交往、地区间往来的日益频繁，旅游事业的不断发展，国际交往的逐渐增多，人口流动性的增大，购买力的流动性、多样性增强，使得企业所面对的环境越来越复杂。因此，企业只有密切注视市场动态，提供适销对路的产品，才能在激烈的市场竞争中占有一定的优势。反过来，市场的动态变化也要求企业的人力资源结构需要不断进行调整。因此，企业在进行人力资源分析时要充分注意市场的变化。

3．劳动力成本的变化趋势

随着中国经济的不断发展，市场经济的逐渐成熟，我国的劳动力成本也在逐年上升，导致企业经营成本增加，对企业产生了很大的影响。因此，为了保证企业的利益，企业就需要在最大的限度之内利用企业的内部员工，尽量不对外招聘新员工，这对企业人力资资源需求分析会产生重要的影响。

4．企业的人力资源政策

企业人力资源政策，特别是薪酬政策对内部和外部人力资源的影响很大，如企业的薪酬政策是否处于同行业的领先水平等，这些对内部和外部人力资源的吸

引都有重要的决定意义

5．企业的发展阶段

根据企业发展生命周期中的不同阶段，在对人力资源进行预测的时候要考虑不同的策略和不同的要求，同时也要考虑在不同的阶段可能影响人力资源的不同因素。

6．其他因素

除上述因素外，社会安全福利保障、工作时间的变化、追加培训的需求等因素也应在企业的考虑范围之内。

（二）人力资源需求预测方法

1．定性预测法

定性预测法并不是不进行数量预测，而是指因没有统计数据为依据，只能靠预测人员的经验进行预测。[①]

(1) 经验预测法。经验预测法是指完全依赖预测者个人或一个小组的特性，即依赖于他们的经验、智力和判断力的一种方法。[②]在通常情况下，使用这种方法预测的都是这一领域的专家，他们对这一领域的具体细节和总体情况都有较多的了解。企业也可以采用一组人进行预测的方式，这样可以获得更多的信息，集中大家的智慧，以取得一致的意见。但需要注意的是，有时候信息太多也可能会冲淡主题，成员之间会相互影响，也可能会出现权威人士限制其他人的创新性思维的情况。

(2) 现状规划法。现状规划法是一种简单易行的预测方法，企业在选用这种方法时需要具备一定的前提条件，主要表现为：如果一个企业的目前各种人员的配备比例和人员的总数将完全能适应预测规划期内的人力资源的需要，那么人力资源计划人员所要做的事情就是测算出在规划期内有哪些人员或岗位上的人将会出现晋升、降职、退休或调出本企业的情况，然后再准备调动人员去进行替补就可以了，其中包括伤亡人员的替补。在通常情况下，企业内部管理人员的连续性

[①] 朱林．管理原理与实训教程．北京：北京邮电大学出版社，2008．

[②] 刘翠芳．现代人力资源管理．北京：北京大学出版社，2010．

替补都会使用这种方法，其适用于短期人力资源计划需求的预测。

(3) 德尔菲法。德尔菲法(见图 2-1)是一种直观型的预测技术，是“专家集体咨询”的方法，它根据对影响企业的内部因素的了解程度来选择多个专家，他们可以是企业内的成员，也可以来自企业外部。[③]德尔菲法的具体做法是：首先将要咨询的内容写成若干条意义十分明确的问题，将这些问题寄给专家，请他们以书面的形式予以回答。专家在背靠背、互不通气的情况下回答这些问题。然后将他们的意见集中归纳后反馈给他们，请每个专家对这个归纳的结果重新予以考虑。这使专家有机会修改自己的预测并说明修改的原因，再将修改结果寄回。经过 3～4 次的反馈，专家的意见就会趋于集中。最后再通过一些数字化的处理，就可以得出较为恰当的结果。由于这种方法是在每个专家均不知除了自己以外的其他专家的任何情况下进行的，因此避免了人际关系、群体压力等条件干扰的缺点，也解决了难以将专家在同一时间集中在同一地方的问题。德尔菲法简单可靠，因此很多企业都是运用的这种方法。

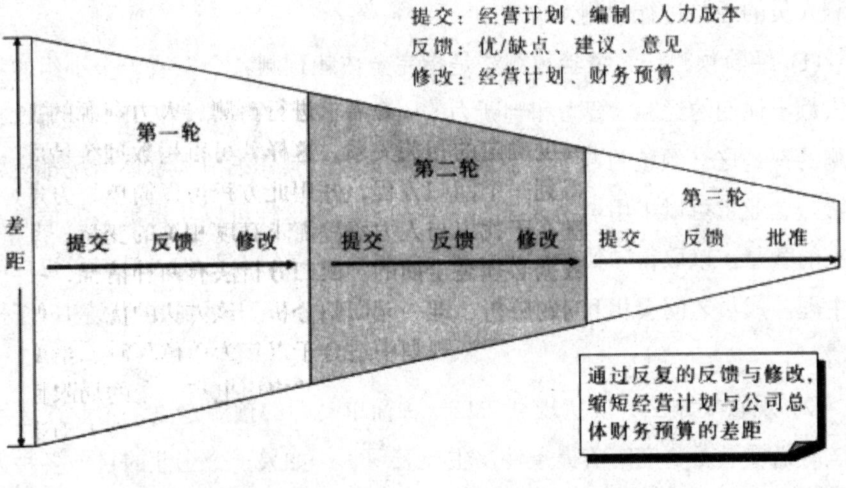

图 2-1　德尔菲法

德尔菲法常用于短期预测的问题，许多企业都是因为使用了这种方法而获得巨大的成功。企业在使用这种方法时需要注意以下几个问题：

1) 预测的优点先向专家说明，以争取他们的支持；

③ 秦璐．人力资源管理．广州：中山大学出版社，2006．

2) 将丰富且完备的信息提供给专家，以便于他们做出正确的判断，例如人员安排情况和生产趋势；

3) 不对精确度作过分的要求。可以让专家们先粗略的估计出数字，并请他们对估计数字的肯定程度进行说明；

4) 所提出的一些问题尽量是他们所能答复的问题；

5) 对于员工分类和其他定义要保证所有专家理解的切入点是同一个角度；

6) 尽可能使不必要的环节简化，对于那些不必要的问题不要多问。

虽然德尔菲法具有明显的优点，但是企业如果只单单使用这一种方法也是不行的，还需要其他方法的补充。使用德尔菲法的难点在于如何提出简单明了的问题，如何将专家的意见归纳总结。为了弥补在这方面的不足，企业可以采用名义小组的讨论方法，指的是请各位专家或有经验的现场管理人员构成一个小组，大家围在一张桌旁，每人根据现有的信息与资料，列出一张问题清单，企业者再将所有专家提出的问题一一列出，最后请各位专家予以归纳。

(4) 管理评价法。管理评价法是预测人力资源需求最常用的方法，它是由高层主管、部门经理、人力资源经理等人员预测和判断企业在某一时段对劳动力的需求。它可分为上级估计法和下级估计法两种，前者由高层领导根据企业发展战略、经营环境的变化预测人员需求；后者是首先由基层管理人员根据生产能力、员工流失等情况预测人员需求，然后向上级主管部门汇报。预测人员需求的依据有企业目标、生产能力、市场需求、销售预测、人员配置和员工的流动性等。这种评价方法的主要缺点是，容易犯主观错误，判断依据的真实性与判断者的经验是影响这种方法能否顺利实行的主要因素。

(5) 描述法。描述法指的是，人力资源计划人员可以描述或建设通过对企业在未来某一时期的有关因素的变化，通过描述、假设、分析和综合预测出未来人力资源需求的一种方法。[④]这种方法不适用与企业人力资源的长期预测，因为一旦时间跨度过长，就很难描述出环境变化的各种不确定因素。

(6) 分合性预测法。分合预测法是多种人力资源需求预测方法中最为常用的一种方法，其采取的形式就是先分后合。使用这种方法的第一步是，企业要求下属的各个部门、单位根据各自的生产任务、技术设备等变化的情况对本单位将来

[④] 郝忠胜．人力资源企业与绩效评估．北京：中国经济出版社，2005．

对各种人员的需求进行预测，然后在以此为基础，综合平衡下属各个部门的预测数据，从中预测出整个企业将来某一时期内对各种人员的需求总数。企业使用这种方法时要求有人事部门或专职人力资源规划人员的指导，下属各级管理人员能充分发挥在人力资源预测规划中的作用。分合性预测法具有很大的局限性，由于会受到各层管理人员的阅历、知识的限制，很难对长期做出准确的预测。因此，此方法只适用于企业中短期的预测规划，尤其是在企业做总体调整和变化时可以发挥出重要的作用。

2．定量预测法

定量预测法指的是选择一个与人力资源需求有关的商业要素，并预测随商业要素的变化而产生的劳动力需求变化。所谓的商业要素指的是一种商业属性，如生产能力、销售商、市场份额、商业面积、工作时数等。统计学方法的关键是确定一个与劳动力紧密相关的商业要素，一般在相对稳定的经营环境中较为容易发现这些因素，因此这种方法更为适用于在相对稳定的环境中企业对人力资源需求的预测。

(1) 计算机模型法。随着计算机技术的迅速发展，其对企业的发展也具有了更为重要的意义，表现得越来越明显的是人力资源管理的信息，很多的信息都要依靠于计算机技术的信息处理能力，例如，人力资源需求预测就在很大程度上都是依赖于计算机强大的数据处理能力来完成的。

在很多的企业内部之中，已经开发出了完善的人力资源信息系统，使用 IT 技术进行人力资源管理，将人力资源部门和直线部门所需的信息放在一起，实现互联与共享，使综合的计算机预测系统建立起来。生产单位产品的直接工时、当前产品系列的销售额计划是这一系统中需要保存的信息。直接生产人员的人数通过这两者可以初步确定，进而确定企业内部人力资源需求。

(2) 工作负荷分析法。

1) 销售预测。企业在进行销售预测时，需要注意以下几个环节：

第一，将企业过去的销售记录制成统计表，按照顺序对未来的销售形式进行设计。

第二，对于自己未来的销售情况由营销单位和销售人员自己进行预测或估计，然后将结果按地区和产品种类综合起来，形成一个总的销售预测数字。

第三，有一种很重要的预测方法就是对消费者购买力进行估计，这也属于销售预测。

第四，分析市场和经济趋势，这也可以作为未来市场判断的重要因素。在销售预测时，要交叉使用上述方法。

2) 工作力分析。企业必须明确现有人力究竟有多少可以参与实际的工作，这就是工作力分析的内容。企业可以从人事或是各种考勤记录的统计中，明确最近工作中事、病假或缺勤的趋势。除此之外，还要从退休人员和辞职的记录以及各单位人员的动态记录中，明确企业近期内离职的人数。最后在总结分析的基础上，来确定企业实际的工作力。

3) 对生产进程进行分析。对生产进程进行分析指的是，将规划生产的产品排定生产日期，然后根据产品设计与过去生产的实际记录，以及时间研究的结果，计算出各单位所需的员工数，各单位的人力之和就是企业总进程所需的人工时或劳动力。企业职能部门人员或非直接生产单位人员在企业业务性质和企业结构不变的情况下，一般是一个常数。因此，全部生产人员与全部非生产人员就构成企业总的资源，或称为企业的工作力。

(3) 趋势分析法。趋势分析法是一种定量分析预测方法，它主要利用过去的员工人数来预测未来人力资源的需求。随着计算机的广泛使用，人力资源管理人员可以有效地使用回归分析预测法。采用这种方法的关键是选择一个对员工人数有重要影响的预测变量，最常用的预测变量为销售量。销售量与员工人数之间的关系为正相关。当销售量增加时，员工人数也随之增加。利用这种方法，可以对不同销售量时所需的员工数量进行近期的估计。在大多数情况下，员工数量都是由多个因素来共同决定的，因此企业也可以考虑采用多元回归的方法进行预测。

回归分析预测法指的是，通过了解一个或一系列变量的变化来预测另外一个变量。这种方法的关键是要建立一个科学的回归方程式，用以反映变量和变量之间的关系；根据这种回归方程式，就可以非常方便地在了解一个或一系列变量的基础上预测出另外一个变量的数值。回归分析预测法又可以分为一元回归分析预测法和多元回归分析预测法两种不同的形式。预测的回归方程式中只有一个自变量和一个因变量的，被称为一元回归分析预测法；有多个自变量和一个因变量的，被称为多元回归分析预测法。例如，企业员工的未来需求与多种因素有关，其中主要有企业产品的未来销售量或市场需求以及员工的劳动生产率等。如果我们只考虑企业产品的未来需求与员工需求之间的关系，并利用产品未来需求、借助于回归分析预测法来预测员工的需求，那么，这时只存在一个自变量和一个因变量，这就是一元回归分析预测法；如果我们不仅考虑产品的未来需求，而且还考虑员工的劳动生产率，并利用产品的未来需求和员工的劳动生产率以及借助于回归分析预测法来预测员工的需求，那么，这时就存在两个自变量和一个因变量，这就是多元回归分析预测法。在通常情况下，一个企业的人力资源供求预测中，多元回归分析预测法要优于一元回归分析预测法，因为前者考虑了多种因素的影响，而后者只考虑了单个因素的影响。回归分析预测法不但适合于短期的人力资源预测，而且也适合中长期的人力资源预测。

(4) 趋势外推法。趋势外推法又叫作时间序列预测法，指的是按照已知的时间序列通过一定的方法向外延伸，以预测未来的发展趋势。其具体又可以分为三种方法，即直线延伸法、滑动平均法和指数曲线法。

1) 直线延伸法。直线延伸法通常只在一种情况下会被较多的运用，即企业人力资源需求量在时间上表现出的明显均等延伸趋势。如图 2-2 所示，通过这种方法，可由需求数 Z 直接延伸，从而得到未来某一时点(t)的企业人力资源需求量。

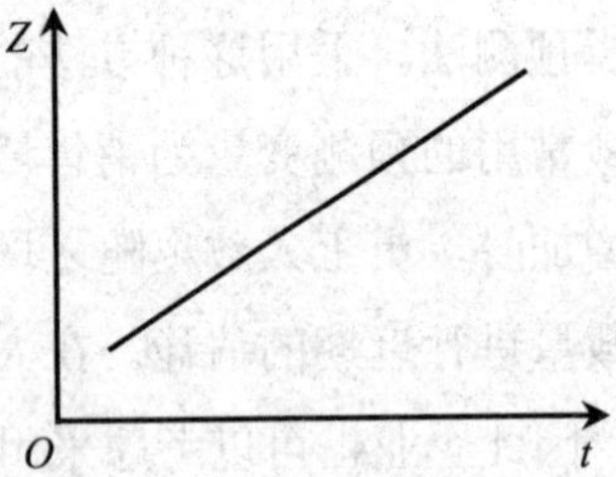

图 2-2　直线延伸法图示

2) 指数曲线法。指数曲线法的计算公式为

$$X = \alpha X_t + (1 - \alpha) X_{t-1}$$

其中：X 表示新平滑值；

α 表示平滑系数或平滑加权系数；

X_t 表示时间序列中新数据；

X_{t-1} 表示计算出的平滑值。

平滑系数 α 的选择，直接决定着预测的精确度。一般都是选择几个 α 值，从而进行多方案分析。经验证明，α 的值一般应为 0.3、0.2、0.1 或 0.05。

3) 滑动平均法。滑动平均法通常是在企业人力资源需求量的发展趋势不明确、时间序列不规则，运用滑动平均数进行修匀的一种趋势外推法。其假定现象的发展情况通常都与较近一段时间的情况有关，但是与较远的时间却无关。因此，将近期内现象的已知值的平均值作为后一期的预测值。这种方法主要适用于短期预测。

4) 劳动定额法。劳动定额法指的是，一定量的工作劳动需要企业员工在规定的时间内完成。在企业计划任务总量已知，并且还制定了科学合理的劳动定额的基础上，如果企业想要较为准确的预测出企业人力资源的需求量，就应该采用劳动定额法来进行预测。[⑤]

这种方法的计算公式为：

$$N = W / q(1 + R)$$

其中：N 表示人力资源需求量；

W 表示计划期任务总量；

q 表示企业现行定额；

R 表示部门计划期内生产率变动系数。

$$R = R_1 + R_2 + R_3$$

其中：R_1 表示企业技术进步引起的劳动率提高系数；

R_2 表示有经验积累导致的劳动率提高系数；

R_3 表示有年龄增大及某些社会因素引起的生产率降低系数。

二、人力资源供给预测

人力资源供给预测指的是，企业为实现其既定目标，对未来一段时间内可获

⑤ 赵中利．人力资源管理．青岛：中国海洋大学出版社，2007，第 51 页

得的人力资源状况做出预测，包括对企业内部和外部的人力资源进行预测。企业内部对人力资源的需求是需求预测主要所针对的，而企业内部与外部的人力资源供给两个方面供给预测则要兼顾，这是人力资源供给预测与需求预测的主要不同之处。

（一）人力资源供给预测的影响因素

1. 人力资源供给预测的外部影响因素

(1) 宏观经济形式。宏观经济的状况对于人力资源的供给有直接的影响，包括 GDP 的增长率，所处的经济发展周期，各个产业的结构及其发展水平，国际经济局势与政治局势等，都对人力资源的供给产生重要的影响。

(2) 社会保障。社会保障政策的实施对劳动力市场有双重的影响。这一点在发达国家与不发达国家形成鲜明的对比。在一些发达国家，由于社会保障的相对完善，从积极面看，可以促进劳动力的充分合理流动，提供更多的就业保障，但是过于优厚的社会包装可能导致企业和社会的成本扩张，不利于刺激企业和个人的创新。相反，许多发展中国家面临的问题是保障不足，因而，滞后的社会保障机制无法有效保障劳动者的权益。无论是发达国家还是发展中国家，都面临着两难的选择。

(3) 劳动力市场。劳动力市场指的是，在一定经济环境下劳动力的供求数量与结构关系。从量的角度看，如果市场上的劳动力资源丰富，企业可以选择的范围和自由度就大，找到合适职员的几率就相应增加。从质的角度看，在知识经济的时代背景下，企业对劳动力的素质也会提出更高的要求，一般包括知识、技能、素质三个方面。而胜任力模型研究表明，胜任力的提升有助于提高企业的绩效。因此，企业必须根据自身的发展状况，制定出有前瞻性的人力资源规划，才能在竞争激烈的劳动力市场上获得更多的优势。在分析外部劳动力市场时，主要考虑以下因素：

1) 人口因素，该因素是对劳动力供给总量与结构的约束；

2) 社会和地理因素，劳动力的外部供给还会受到社会和地理因素的制约。

在交通设施和其他市政功能比较落后的情况下，劳动者的迁徙成本相对较高，一定程度上阻碍了劳动者的流动和供给。

(4) 法律法规。纵观世界各国的发展历程，一个显著特点是对劳动者权益的保护都不断走向完善，这是一个历史趋势。从源头上控制企业的违法行为，那么在进行人力资源规划的时候才能有一个稳定的预期，从而提高员工的忠诚度。一个具有良好忠诚度的企业，才能在激烈的竞争中稳步向前。

(5) 劳工企业。在成熟的经济体中，工会企业在保护劳工方利益方面发挥着重要的作用。对于参加了工会的成员，企业在决定是否聘用或改善其待遇的时候，必须与工会企业通过集体谈判，并以严格规范的协议签订合法的劳动合同；对于工作岗位，必须明确相应的权责范围。对于未参加工会的人员，虽然会受国家相关法律的保护，但其维权成本远大于参加工会的人员。因此，工会企业在为企业提供合适人力资源方面起到了至关重要的作用。

2．人力资源供给预测的内部影响因素

(1) 在职人员的年龄分布。在职人员的年龄分布情况对企业人力资源供给预测的影响较大。企业员工年龄分布有两种状况：一种是随着年龄的增加员工人数增加，如图 2-3(a) 所示，另一种是随着年龄增加员工人数减少，如图 2-3(b) 所示。

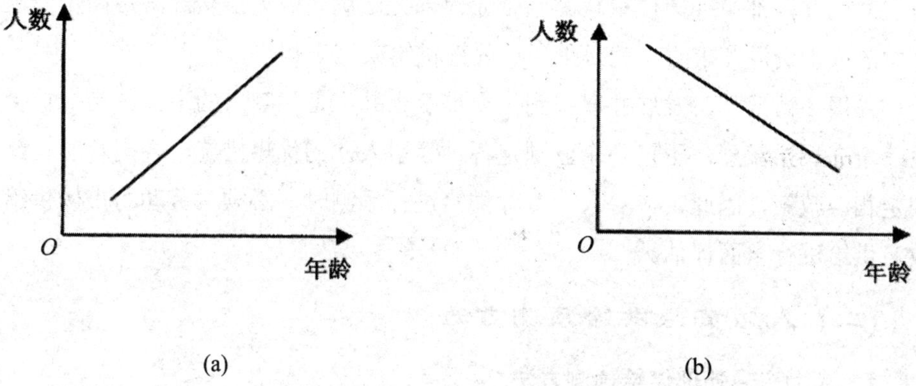

图 2-3 年龄分布图

在图 2-3(a) 中，年龄越大的员工比例较高，不久的将来会有较多的员工退休，人力资源供给会大幅度减少。在图 2-3(b) 中，年龄越小的员工比例较高，企业虽然不会因为有大量的员工退休而面临严重的人力资源短缺问题，但是年轻员工流动性大，对人力资源供给仍有一定的影响。

(2) 人员离职与流失。企业内每年都会有员工离职与流失的情况，这对企业内部人力资源供给预测有很大的影响。一般说来，员工离职可能是由企业外部的吸引力引起的，如转到其他企业工作可以获得更高的收入或更有发展的机会。但员工离职也可能是由企业内部问题引起的，如工作压力大、人际关系紧张、不能适应工作、对工作失去兴趣等。

(3) 现有人力资源的运用情况。人力资源运用情况有员工的工作负荷情况是否饱满或者超负荷、员工的缺勤状况、工时利用情况、部门之间是否存在分工不平衡的情况等，若缺勤情况严重而不能改善，可能会影响企业的人力资源供给。

(4) 企业内部人员的流动。企业内部人员的流动主要包括升职、降职和内部水平调动三种情况，由于大多数企业的各个部门都需要一定的人力资源支持才能完成正常的工作，因此这些企业内部人员的流动状况必然会对企业的各个部门都会产生一定的影响。

(5) 人力资源供给渠道分析。人力资源供给渠道分析提供了企业渠道获取所需人力资源的信息。人力资源供给主要由两个途径，即企业的内部供给和企业的外部供给。当企业出现工作岗位空缺时可以首先考虑能否通过岗位轮换、晋升等方式从企业内部填补岗位空缺。当企业内部无法满足或无法全部满足岗位空缺所产生的人力资源需求时，就必须通过外部供给渠道来解决。

在很多情况下，发展并雇用到优秀员工也并不是件容易的事情。当今社会，人才争夺日益激烈，不仅各企业制定各种吸引人才的优惠措施，各国政府也配合制定相应政策，因此，在对人力资源供给进行预测时，必须对劳动力市场供给和政策供给进行全面评估。

(二) 人力资源供给预测方法

1. 人力资源外部供给预测方法

对劳动力市场的情况进行分析是外部人力资源预测的主要工作，同时对可能为企业提供各种人力资源的渠道进行分析和对与企业竞争相同人力资源的竞争性企业进行分析，企业可能获得的各种人力资源情况可以从中获得，得出这些人力资源可能的代价以及可能出现的困难和危机。

(1) 直接调查相关信息。企业可以对自己所感兴趣或是对自身企业发展有帮助的人力资源采取直接调查的方式来进行了解，这不仅可以与猎头公司、人才中介所等专门机构长期保持紧密的联系，还可以与各高校建立或保持一种长期的合作关系，这样对目标生源情况的跟踪就会显得十分方便，才可能会为企业提供的目标人才状况进行及时准确地了解。

(2) 查阅资料。企业想要了解人才市场信息的途径和方法有很多，其中查阅资料也是极为简便的一种方法，其可以采用的途径有：其一，通过互联网以及国家和地区的统计部门；其二，劳动和人事部门发布的一些统计数据；其三，随时关注国家和地区的政策法律变化。

(3) 对员工和应聘人员的分析。企业想要对外部人力资源供给状况进行预测，通过对应聘人员和已经雇佣的人员进行全面和深入的分析是一种不错的方法，这样就可以对当前员工的想法和意向有一个比较全面的了解，有利于企业得出对未来人力资源供给状况的估计。

2．人力资源内部供给预测

(1) 现状核查法。现状核查法是一种静态的人力资源供给预测方法，通常情况下，对企业中人力资源动态的、未来的变化是无法反映出来的，因此它存在着很大的局限性，其对人力资源的供给预测只适合中小企业短期的运用。

现状核查法主要是核查企业现有人力资源质量、数量、结构在各职位上的分布状态，以对企业拥有的人力资源具体情况进行掌握，为企业的人力资源决策提供依据。该方法在使用时可以分为两步来进行，第一步是对企业的工作职位进行分类并进行级别划分，第二步是对每一职位，每一级别的人数进行确定。

(2) 员工满意度与忠诚度分析。企业可以定期调查员工的满意度情况，这种调查可以由企业的人力资源部门来执行，也可以委托专业公司来执行，通常采用不记名的方式。调查可以显示出员工对工作的满意程度以及继续留在企业工作的愿望等。

(3) 职位置换卡。职位置换卡又叫作管理人员接替模型，它是一种预测供给的有效方法，专门对于中高层管理人员而进行的。它通过企业中各管理人员的绩效进行考核及分析晋升的可能性，对企业中关键职位的接替人选予以确定，然后对接替人选目前的工作情况及潜质进行评价，对其职业发展的需要进行确定，对个人职业目标与企业目标的契合度进行考察。确保供给企业未来有足够的、合格的管理人员是其最终目的。技能清单的出发点是个人，描述的是个人的技能；而职位是职位置换卡的出发点，可能胜任企业中各关键职位的个人是它主要描述的，这是它与技能清单的主要区别。

在使用职位置换卡的方法时，同时要遵循以下几个步骤：第一，对人力资源规划所涉及的工作职能范围进行确定；第二，对每个关键职位上的接替人选进行确定；第三，对接替人选的工作情况和是否达到提升要求进行评价；第四，对接替人选的职业发展需求要有所了解，对其个人职业目标与企业目标的契合度进行考察。

(4) 马尔可夫模型。马尔可夫模型是一种运用统计学原理预测企业内部人力资源供给的方法。其基本思路是通过收集历史数据，找出企业过去人事变动的规律，从而推测企业未来人事变动的趋势。马尔可夫模型实际上是一种转换概率矩阵，描述了企业中员工流动的整体趋势，可以作为预测内部人力资源供给的基础。其一般步骤为：第一，根据企业的历史资料，计算出人员流动的平均概率；第二，根据计算出的概率，建立一个人员变动矩阵表；第三，根据期末的种类人数和所建立的变动矩阵表，预测下一期企业可供给的人数。

需要注意的是，马尔可夫模型的假设前提是：企业过去和未来员工的流动情况大致相同。也就是说，马尔可夫模型只适用于企业过去人员变动情况与未来人员变动情况相似的情形，如果差异较大，则不适用；除此之外，由于此模型是基于历史数据，因此其准确性和可行性还有待进一步研究，在使用时要特别注意其他因素的干扰。

(5) 技能清单。员工工作技能特征是用技能清单来反映的，其包含的主要内容有教育背景、工作经历、培训背景、持有的证书、主管部门的评价等。技能清单综合的反映了员工的素质，有助于决策者和人力资源计划人员总体把握企业现有人力资源状况，从而对现有员工调换工作岗位的可能性大小进行估计，从而决定出以前的空缺有哪些员工来填补，以便更合理有效的配置资质人力资源。从一定意义上来说，技能清单可以反映出一个员工的工作能力，这其中主要包括基层操作员工的技能、研发人员的科研水平和中层管理人员管理能力的种类及所达到的水平。

技能清单可以为以下工作提供参考：继续培养管理人员计划，确定晋升人选，安排、培训一些特殊工作，规划职业生涯，企业结构分析和企业奖励计划。一些企业经常临时建立小项目或者人员频繁的流动，所有员工都要包含在技能清单之中；而对于那些企业人员流动频率不高的情况来说，人员继续培养计划主要是使用技能清单来制定管理的，当然需要将管理人员包括在技能清单之中。

第二节　企业人力资源规划的步骤和内容

一、企业人力资源规划的步骤

企业人力资源的规划工作实际上就是一个从收集信息和分析问题，到找出问题解决办法并加以实施的过程。这个过程的实行需要遵循一定的步骤(如图 2-1 所示)，具体说来主要包括以下几个方面。

(一) 调查收集和整理相关信息

当前在我国市场经济大发展的条件下，影响企业经营管理的因素也越来越多，越来越多样化，主要包括市场占有率、生产和销售方式、产业结构、技术装备的先进程度以及企业经营环境等，除此之外，我国社会的政治、经济、法律等环境也会对企业的经营管理产生很大的影响。这些因素对企业制定人力资源规划具有硬性的约束，因此几乎所有的企业在制定人力规划时都必须要加以考虑。

(二) 了解企业现有人力资源状况

对企业现有人力资源状况的了解主要包括现有人员的数量、质量、结构以及人员分布状况等。企业应对这几个方面的人力资源状况有一个明确的把握，只有这样才能为人力资源的规划做好充分的准备工作。这项工作要求企业要建立完善的人力资源管理信息系统，对企业员工的各种信息进行详细的记载，如个人自然情况、录用资料、工资、工作执行情况、职务和离职记录、工作态度和绩效表现等。只有企业的管理人员对本企业的员工有一个全面的了解，才能够最大程度的降低企业人力资源规划的风险。

（三）预测企业人力资源供求

对企业人力资源供求关系的预测，即采用定性和定量相结合的预测方法，对企业未来人力资源供求进行分析和判断。这项工作具有很强的技术性，企业人力规划的效果和成败就是由其准确度决定的，是人力资源规划工作中最为关键的一步。

（四）制定平衡人力资源的各项计划

企业在制定平衡人力资源的各项计划中，要以实际为基础，对各种条件要充分利用，制定总计划和业务计划，以平衡人力资源供求关系，并提出一些具体的政策措施，用来调整供求关系。这是人力资源规划活动的落脚点，人力资源供需预测是为这一工作来服务的。

（五）对人力资源规划工作进行控制和评价

对企业人力资源的预测是整个人力资源规划的基础，但需要注意的是，预测与现实毕竟是有差异的。因此，在执行过程中必须对制定出来的人力资源规划加以调整和控制，使它与实际情况相适应。人力资源规划的控制包括两方面内容：一方面是，整体性控制，使人力规划与企业经营计划和企业内外部各方面一致；另一方面是，操作性控制，即对中小型企业人力资源规划的实施情况进行跟踪与控制，考察人力资源管理活动是否按规划进行。在实施控制的过程中，必须对员工的意见和建议充分的重视。

（六）对人力资源规划进行评估

在整个人力资源规划的过程中，对人力资源规划的评估是其最后的一步。人力资源规划是一个重要的开放系统，并不是一成不变的，因此必须要定期对规划的过程和结果进行监督和评估。除此之外，还要对信息的反馈加以重视，并且要不断进行调整，使其更切合实际，以促使企业目标更好的实现，企业人力资源评估的步骤如图 2-4 所示。

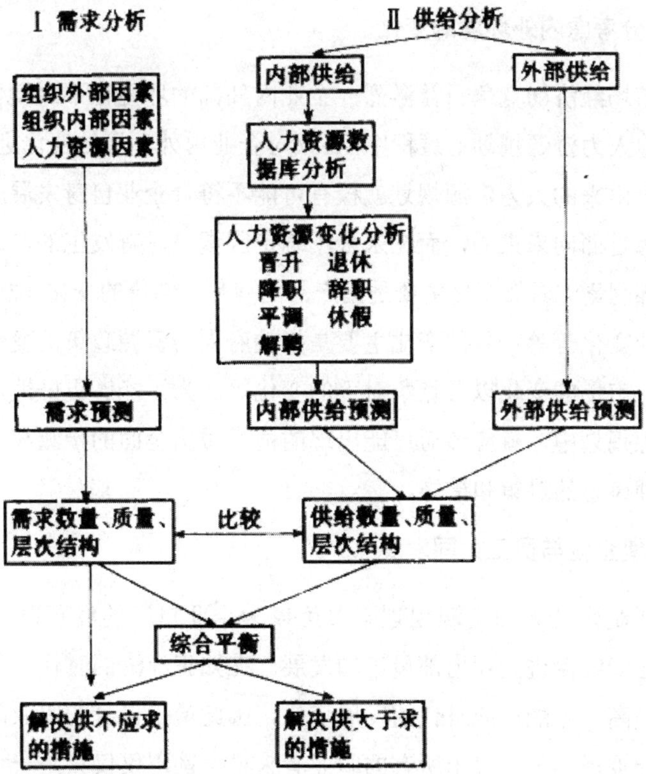

图 2-4 企业人力资源规划的步骤

二、企业人力资源规划的内容

（一）企业人力资源规划的原则

1．企业战略与人力资源规划相衔接

企业人力资源规划所涉及的范围非常广泛，既可以在整个企业中运用，又可以只应用于企业的某个部门或是某个工作的集体；不仅可以单独进行制定，还可以集体制定。但是要注意的是，无论采用哪种制定方法，也无论是应用在企业的哪个部门，都一定要注意与企业整体发展战略相衔接，只有这样才能保证企业的目标与企业的资源相协调，也才能够保证人力资源规划的有效性和准确性。

2．充分考虑内外环境的变化

由于市场经济的竞争日益激烈，企业内外部的环境也不断发生着变化，因此企业在制定人力资源规划的过程中，必须对企业内外环境的变化进行充分的考虑，否则所制定出来的人力资源规划就极有可能不符合企业自身发展的目标。规划在任何时候都是面向未来的，而在未来不确定因素是时有发生的，这其中包括内部因素和外部因素。内部变化主要是指产品的变化、销售的变化、发展战略的变化、企业员工的变化等等；外部变化主要是指政府人力资源政策的变化、人力供需矛盾的变化、市场的变化以及竞争对手的变化等。为了能够更好地适应这些变化，在人力资源规划中，就应该对可能出现的情况做出全面的预测和分析，然后制定出应对各种风险的对策和措施。

3．促使企业与员工共同发展

企业所制定的人力资源规划不仅可以为企业自身的经营发展做出巨大的贡献，并且还能够促进企业内部员工的发展。在知识经济的时代，只有人力资源素质的不断提高，才能适应时代的发展变化，因此员工自身的职业前途也就越来越受到他们的重视。工作对于所有的职业者来说，都不仅仅只是一种谋生的手段，它同样也是人们实现自我价值的一种极为重要的方式。企业想要实现自身经营和规模的不断发展，与员工的发展是绝对分不开的。二者之间相互依存、相互促进，共同促成了企业的辉煌。由此看来，一个合格的人力资源规划，必须是要能够使企业和员工都得到长期利益，能够促使企业和员工实现共同发展的计划策略。

（二）企业人力资源规划的内容

企业人力资源规划是企业对未来人员的需求和供给之间可能差异的分析，或是企业对人力需求与供给做出的估计。企业人力资源规划分为中长期规划和年度规划，年度规划是执行计划，是中长期规划的贯彻和落实，中长期规划对人力资源规划具有方向性指导作用。

企业人力资源规划主要包括以下几个方面的内容：

1．人员补充规划

企业的人员补充规划指的是，在中长期内使岗位职位职务空缺能从质量上和数量上得到合理的补充。人员补充规划要具体指出各级各类人员所需要的资历、培训、年龄等要求。

2．岗位职务规划

岗位职务规划主要解决的是企业定员定编的问题。企业要依据自身发展的近远期目标、劳动生产率、技术装备工艺要求等状况来确立与之相应的企业机构、岗位职务标准，以此来实行企业的定员定编。

3．人力分配规划

企业的人力分配规划指的是，依据企业各级企业机构、岗位职务的专业分工来配置所需的人员，其中包括员工工种分配、干部职务调配及工作调动等内容。企业通过内部人员有计划的流动来实现对员工在未来职位上的安排和使用，其配备计划就是这种人才流动计划。

企业实行配备计划具有重要的作用，主要表现在三个方面：首先，当等待提升的人较多，而上层职位又较少时，就可以通过配备计划实现员工的水平流动，以减少员工的不满情绪，安心等待上层职位空缺的产生；其次，在企业人员过多时，工作方式也可以通过配备计划进行适当的改变，对企业中不同职位的工作量进行调整，使员工工作负荷不均的问题得到解决；最后，当企业要求某种职务的人员同时具备其他职务的经验或知识时，就应该使其有计划地流动起来，以培养高素质的复合人才。

4．教育培训规划

企业所制定的教育培训计划指的是，根据企业自身发展的实际需要，通过一定的教育培训方式，从而为企业培养出满足当前和未来所需要的各级各类合格员工。

5．人员晋升规划

企业的人员晋升规划指的是，依据企业的企业需要和人员分布状况，以此来制定提升方案。对于企业来说，使人和事的匹配达到尽量最大程度是非常必要的，其对于调动员工的积极性和提高人力资源利用率具有非常重要的意义。晋升不仅可以实现员工的个人利益，也会提升员工的工作责任感和增加他们的挑战心理。这二者有机结合起来，就会对企业内部的员工产生一种巨大的能动作用，以使企业能够获得更多的利益。

6. 薪资激励

薪资激励对所有的企业来说都具有重要的作用，因为其对所有的员工都会产生巨大的激励作用。企业实行薪资激励不仅能够确保企业人工成本与企业经营状况保持恰当的比例关系，还可以充分发挥薪资的激励作用。薪资的总额通常都是由企业内员工不同的分布状况和工作绩效来进行决定的。通过薪资激励的政策，企业可以在预测企业发展的基础上，推测和预算出未来的薪资总额，并能够以此为依据来确定未来时期内的激励政策。

7. 员工职业生涯规划

企业员工的职业生涯规划可以划分为两个层次，即个人层次的职业规划和企业层次的职业规划。职业生涯指的是，一个人从首次参加工作开始的一生中所有的工作活动与工作经历按照编年的顺序串接组成的整个工作过程。个人层次的职业规划就是个人为自己设计的成长、发展和不断追求满意的计划；企业层次的职业规划则指的是，企业为了不断增强其成员的满意感，并使其能与企业的发展和需要统一起来，而制定协调有关企业成员个人的成长和发展与企业的需求和发展相结合的计划。其中，我们所说的人力资源规划中的职业规划指的是企业层次的职业规划。

8. 退休解聘规划

企业在制定退休规划时，一定要按照国家有关政策的相关规定来进行。对于需要解聘的员工，则需要按照劳动合同的相关要求来执行。当劳动合同期满或当事人双方约定的终止条件出现，劳动合同即终止。当事人协商一致的，可以续订劳动合同；当事人中任何一方不同意续订劳动合同的，劳动关系即终止。劳动合同履行中，双方可以协商解除劳动合同；出现法定解除劳动合同条件的，当事人有权解除劳动合同。

第三节　人力资源规划的制定和实施

一、人力资源规划的制定

企业在制定人力资源规划时，需要编写一系列详细的计划书，这些计划书主要有以下内容。

（一）编写计划

1．编写职务计划

企业在制定人力资源规划时，首先要编写企业的职务计划。以企业发展规划和企业工作方案为基础，然后再结合职务分析的内容，最后确定企业职务编制。职务计划主要阐述了企业职务的动态设置方式，制定职务编制计划的目的是为了描述未来的企业职能规模和模式。

2．编写人员配置计划

企业人力资源规划制定的第二步是编写人员配备计划，要以企业职务计划为依据，然后结合人力资源的盘存报告，最后制定企业人员的配置计划。其具体内容是，要对企业不同职务的人员数量进行阐述，以及人员的职务变动方式，职务空缺数量的补充办法等都要有详细的描述。

3．编写人员供给计划

在编写人员供给计划时，首先要对企业现有人力资源进行盘存，然后找到员工变动的规律，再对人员供给的方式进行阐述。其中主要包括人员的内部流动办法、外部流动政策、人员的获取途径和具体办法等。

4．编写培训开发计划

为了适应企业发展的需要，企业有必要对员工制定定期的培训计划，其中可以分为对新员工的上岗培训和对老员工的继续教育两个不同的方面，还包括各种提高式的培训。培训计划主要涉及的内容有政策、培训需求、培训材料、培训方式等。

（二）调整计划

人力资源政策调整计划，是对企业发展和企业人力资源管理之间关系的主动协调，确保人力资源管理工作主动地适应企业的发展需要是其主要目的，明确计划期内人力资源政策的方向、范围、步骤及方式等是其主要的任务。其中包括招聘政策、绩效考核政策、薪酬与福利政策、激励政策、职业生涯规划政策、员工管理政策等。

（三）预算控制

企业所企业进行的各种人力资源活动必然会产生一定的费用，因此进行人力规划的一个重要任务就是人工成本、费用的控制，提高投入产出比。因此，在企业正常运营的实际工作中对人力资源费用进行预算管理是十分必要的。

（四）风险分析

企业在对自身进行人力资源的重新调整管理中，必然要承担一定的风险，可能会给企业带来一定的损失或是不稳定因素，如新政策引起员工不满或是招聘失败等问题，企业的正常运行很有可能会受到这些因素的影响。因此，企业所进行的风险分析就是通过风险识别、风险估计、风险驾驭、风险预警和监控等活动，使相关风险的危害得到防范或弱化。

企业在编写完成所有的人力资源计划之后，还应该同内部的相关部门进行积极的交流与沟通，然后根据各部门所反馈的信息和结果进行认真的修改，当这些都完成之后，才能最终提交给企业的决策层审议通过。

二、企业人力资源规划的实施

企业在实际实施人力资源规划时，需要遵循以下四个步骤，即实施、检查、反馈、修正。

（一）实施

人力资源规划在具体的实施过程当中，需要注意以下两点：其一，要严格按照已经通过决议的计划执行；其二，在计划实施之前要做好充分的准备，在实施时要全力以赴。

（二）检查

在实施的过程中，所必不可少的就是进行进一步的检查，如果缺少检查步骤，就会使人力资源具体业务计划的实施流于形式，或使实施缺少必要的动力。检查可以来自实施者的上级或平级，不能由实施者本人或下级执行。为了获得准确的信息，在检查前，检查者要列出检查提纲，明确检查目的和内容，根据提纲逐条检查并进行记录，检查后要及时与实施者沟通检查结果。

（三）反馈

在规划实施的过程中，还要注意企业内部和外部各方面的反馈信息，要保证反馈信息的真实性，只有获得真实的信息，才有助于人力资源计划的修正。反馈可以由检查者进行，也可以由实施者进行或两者共同进行。

（四）修正

人力资源规划是一个动态的过程。在规划实施的过程当中，要注意随时的检查，及时反馈实施的效果，然后根据反馈的信息及时修正原计划中一些不完善或是有漏洞的地方。只有正确及时修正和调整人力资源规划的不足之处，才能确保企业总体目标的顺利实现。

第三章　企业工作分析的难点突破与工作的再设计

企业要有效地进行人力资源管理，一个重要的前提就是要了解各种工作的特点以及能胜任各种工作的人员的特点，而这就是工作分析的主要内容。所谓工作分析，是指对某特定的工作做出明确规定，并确定完成这项工作需要有什么样的行为的过程。我们一般把工作分析分成两部分，即工作描述与工作说明书。工作描述具体说明了工作的物质特点和环境特点，主要包括以下几方面：职务名称，工作活动和工作程序，工作条件，社会环境及聘用条件。工作说明书是指要求从事某项工作人员必须具备的生理要求和心理要求，如年龄、性别、学历、工作经验、健康状况、体力、观察力、事业心、领导力、速度感等。个人工作描述加上部门职能描述很容易使管理人员明了当前企业内部人员的“性能”，即人力资源是否符合当前的工作和企业发展规律需要，人员是多了还是少了。工作描述和说明不是人事人员或者经理拍脑袋想出来的，而是根据工作需要由经理和人事部门共同做出分析并商定的，工作分析的过程就是对工作进行全方位评价的过程。

第一节　工作分析的认识与解读

一、工作分析的科学认识

（一）工作分析的概念

工作分析是指企业对各类岗位的性质、任务、职责、劳动条件、劳动环境、员工资格等要素进行系统分析和研究，并以此为依据制定企业岗位规范行为以及操作说明书的过程。

工作分析由两大部分组成：工作描述和工作说明书。

1．工作描述

工作描述说明了某一工作职位的物质特点和环境特点，从构成来看主要包括以下几个要点。

(1) 职位名称。职位名称是指企业对从事一定工作活动所规定的职位名称或职位代号，其基本作用是识别、登记、分类各种内容不同、性质各异的工作，并确定企业内外的各种工作关系。

(2) 工作活动和程序。工作活动以及相关的程序主要包括任职者所要完成的工作任务、承担的工作责任、需要使用的原材料和机器设备。此外，任职者与其他人的正式工作关系、接受监督以及进行监督的性质和内容也是工作活动和程序所包含的重要内容。

(3) 工作条件和环境。工作条件和环境主要包括员工工作地点的气候、温度、光照、湿度、噪音、安全条件、地理位置等基本信息。

(4) 社会环境。社会环境主要包括员工所在工作群体的人数、完成本职工作需要人际交往的数量和程度、各部门之间的关系、工作点内外的文化设施、社会习俗等等。

(5) 聘用条件。包括工作时数、工资结构、支付工资的方法、福利待遇、该工作在企业中的正式位置、晋升的机会、工作的季节性、进修的机会等等。

2．工作说明书

工作说明书又称职位要求，它的基本作用是说明企业的工作岗位对其从业人员的生理要求和心理要求。一般来说，企业工作说明书主要包括以下几个方面的内容。

(1) 一般要求。主要包括年龄、性别、学历、工作经验等等。

(2) 生理要求。主要包括健康状况、力量和体力、运动的灵活性、感觉器官的灵敏度等。

(3) 心理要求。主要包括观察能力、集中能力、记忆能力、理解能力、学习能力、解决问题能力、创造性、数学计算能力、语言表达能力、决策能力、特殊能力、性格、气质、兴趣爱好、态度、事业心、合作性、领导能力等等。

（二）工作分析的基本要素

1．任务

任务是工作活动中达到某项工作目的的要素的集合，是工作分析的基本内容。例如，裁缝制作一件衣服的基本任务就是把衣服缝制完成。

2．职责

职责是指某人担负的一项任务或多项相互联系的任务的集合，职责也是工作分析的基本构成要素。例如：人事管理人员的职责之一是进行工资调查，包括设计调查问卷，发放问卷，统计结果得出结论，将结果反馈给调查对象等任务，在工作分析中，企业一定要明确员工的岗位职责，避免工作中出现推诿扯皮的现象，保证员工的工作效率。

3．职务

职务是主要职责在重要性与数量上相当的一组职位的集合或统称。不同的企业其职务的数量和性质有很大的差异，企业应该根据企业规模的大小以及企业生产经营的行业合理进行职务设定。

4．职位

职位指一定时期内企业要求个体承担的一项职责或多项相互联系的职责的集合。一般来说，职位与个体是一一匹配的，有多少职位就有多少人，两者数量相等。职务与职位有着紧密的联系，职位是职务功能实现的基础，职务领着职位的设置。

5．职业

职业指在不同时期、不同企业中，工作要求相似或职责平行(相近、相当) 的职位的集合。职业与职位是部分与整体的关系。

6．职系

职系指工作性质充分相似，但职责繁简、难易、轻重、大小及所需资格条件不同的所有职位的集合。职系又称为职种，每个职系都是一个职位升迁系统。

7. 职组

职组指工作性质相近的若干职系的集合。职组又叫职群，是工作分类中的一个辅助分类，并非工作评价中不可缺少的因素。

8. 职门

职门指工作性质相近的若干职组的集合。例如，人事行政、社会行政、财税行政和保险行政均可并入同一行政职门之下。

9. 职级

职级我们可以理解为相似职责的集合，具体是指同一职系中职责简繁、难易、轻重程度和所需任职资格条件充分相似的职位的集合。

10. 职等

职等指不同职系之间职责繁简、难易、轻重程度和所需任职资格条件充分相似的职位的集合。职级的划分是对同一性质的工作差异的区分，形成职级系列，而职等的划分则是对不同性质的工作之间的异同点进行比较。

二、工作分析的作用

企业的工作环境十分复杂，想要在各种繁杂的影响因素中，准确地找到企业人力资源管理的关键点，需要有一个科学合理的工作分析系统。工作分析的重要性不仅体现在其为薪酬和绩效管理提供的帮助，还体现在其为人力资源管理决策提供的数据资料和信息。因此，工作分析也被认为是人力资源管理中的一个基本工具，并且经过多年的实践验证，工作分析也确实可以起到这个作用。工作分析对人力资源管理产生的全方位影响如图 3-1 所示。

（一）是制定人力资源规划的基础

工作分析不仅会对员工的工作进行定性分析，还会进行量化的分析，量化分析中所取得的数据资料，对企业制定与企业目标相一致的人力资源规划具有极为积极的意义。随着企业的不断发展，其岗位职责必然会发生不断的变化，旧的工作逐渐融入新的内容和时代元素，新的工作会不断产生，因此，企业的人力资源配置和工作分析并不是一个短期的工作，它需要准确及时的工作分析数据资料对人力资源规划做出长远的安排。如果企业需要一批新员工生产产品或提供新的服务，那么企业的人力资源管理人员就必须知道工作的内容与相应的职责，以及每项工作需要哪些不同的知识、技能、能力和个人特性等都需了如指掌，才能保证科学合理地进行布局和规划，而这些信息的获得都要通过分析该方面的数据资料才可能得到。

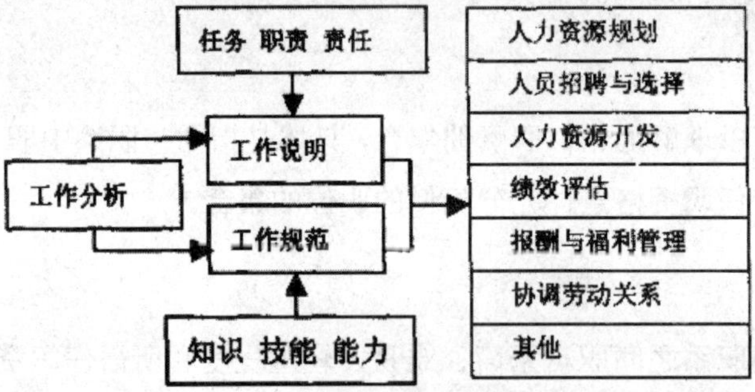

图 3-1　工作分析对人力资源管理的影响

(二) 为企业合理用人及人力资源开发提供依据

工作分析所形成的人力资源文件(如工作说明书)，会对某类工作的性质、特征以及担任此类工作的员工应具备的职业资格、学历水平等基本条件，做出详尽的说明和规定。企业的这一做法可以使人力资源管理人员明确了选聘对象和标准，在企业人员考评时，能正确地选择考试科目和考核内容，有效地保证了人力资源规划的针对性。

工作规范经过企业管理者的周密论证后制定，其中包含的各种信息可以为员工培训和发展提供目标，并且能够为企业人力资源开发的需求指明方向。一般来说，工作规范对工作人员知识、技能、能力等方面的要求是客观明确的，因此，如果某工作岗位上的员工与工作分析所取得的工作标准存在较大的差异，那么说明该工作岗位上的人员不具备所要求的条件或者其能力远远超过该工作岗位的要求。如果出现第一种情况，那么企业需要进行必要的培训和技能提高，如果出现第二种情况且人数较多，企业应该对岗位规范进行调整，如果人数较少应该对这些员工进行升职的奖励。

（三）有利于科学设置岗位、明确岗位责任

工作分析在促进岗位设置的科学性、推行岗位责任制上主要有三个方面的表现。

1. 明确责任范围

工作分析可以有效地确定员工的责任范围，并且结合科学的工作任务量和效率标准，能够使员工的工作效率得到很大的改善和提高，员工由此可以明确自己在企业内的地位、任务以及与他人的工作联系。

2. 理清工作脉络

工作分析可以有效地明确各个岗位的职能与其他部门的关系脉络，能有效地表现出岗位或者部门职能重叠或遗漏现象，从而进一步调整企业、合理分工，明确岗位职责。

3. 改善工作环境

进行工作分析还可以了解工作岗位的环境条件及安全程度，以便改善环境，制定安全措施，或对员工进行安全技术训练。

工作岗位的设置科学与否，将直接影响一个企业的人力资源管理的效率和科学性。在一个企业中设置什么岗位，多少岗位，每个岗位上安排多少人，什么素质的人员，都将直接依赖工作分析的科学结果。

（四）为员工努力指明方向

工作分析明确了各项工作的性质、内容及任务，确定了工作的基本方法与要求，这就为制定员工的技术标准及职员的业务标准打下了基础。这些标准确定之后，员工就可按其要求，不断提高技术业务水平，从而朝着本职工作的最高目标攀登。

现在，无论在企业还是政府与事业单位，员工越来越注重自我工作能力的培养与发展，管理者应该从员工与单位协同发展的角度来为员工设计职业发展规划，

这也是构建激励机制的重要内容。工作分析能够明确界定每个岗位的具体聘任条件以及为达到聘任资格所需要的相关职业培训，因此工作分析是员工个人职业发展规划的基础。

(五) 为绩效评估提供明确、可靠的标准

工作分析对工作进行了详细的描述，提供了工作的标准，在员工绩效评估中，工作分析所取得的这些标准是非常有用的。对员工绩效的评估，最主要的依据应该是员工对工作说明书中所规定的职责是否能很好地履行。如果对员工的绩效评估脱离了工作说明书的内容，显然是不公正的，也是不准确的，很大程度上渗入了个人偏见，具有较大的随意性，从而导致员工对评价的结果失去信心。

工作分析以职务为中心，分析和评定各个职务的功能和要求，明确每个职务的职责、权限，以及承担该职务的人员所必备的资格和条件。而人力资源考核是以人员为对象，通过对员工的德、能、勤、绩等方面的综合评价，来判断他们是否称职，并以此作为任免、奖惩、报酬、培训的依据，促进人适其位。虽然工作分析与人力资源考核有许多不同点，但就其实质而言，这两项活动体现了人力资源管理“因事择人，适才适所”的要求。从人力资源管理工作程序上看，工作分析是人力资源考核的前提，工作分析要为人力资源考核的内容，项目和指标体系的确定，提供客观的依据。

(六) 有助于确定公平的员工薪酬

工作薪酬是对工作相对价值大小的一种体现。一般来讲，某一工作岗位的员工工资水平的确定，主要考虑工作相对价值的大小，工作的职责越重要，工作的价值就越大。工作的价值应该根据其对员工的要求来确定，如果工作要求员工有更多的知识、技能、能力，且工作的条件艰苦，安全程度一般等，那么，该工作应该说具有更大的价值。这些因素在工作分析中做了清楚的说明，工作分析所取得的工作描述与工作规范是测量工作价值大小的主要参考标准。

另外，工作分析所获取的信息，为员工的晋升、调动和降职的决策提供了更为客观的依据。

三、工作分析的过程

工作分析是一个科学认识事物、分析事物的过程，并且具有严密的系统性和逻辑性。工作分析的过程一般可以分为四个阶段——准备阶段、调查阶段、分析阶段以及完成阶段。从各个过程之间的逻辑关系来看，这四个阶段是相互联系，相互影响的，并且在不断的运动变化中呈现出一个动态的过程。工作分析的步骤或流程如图 3-2 所示。

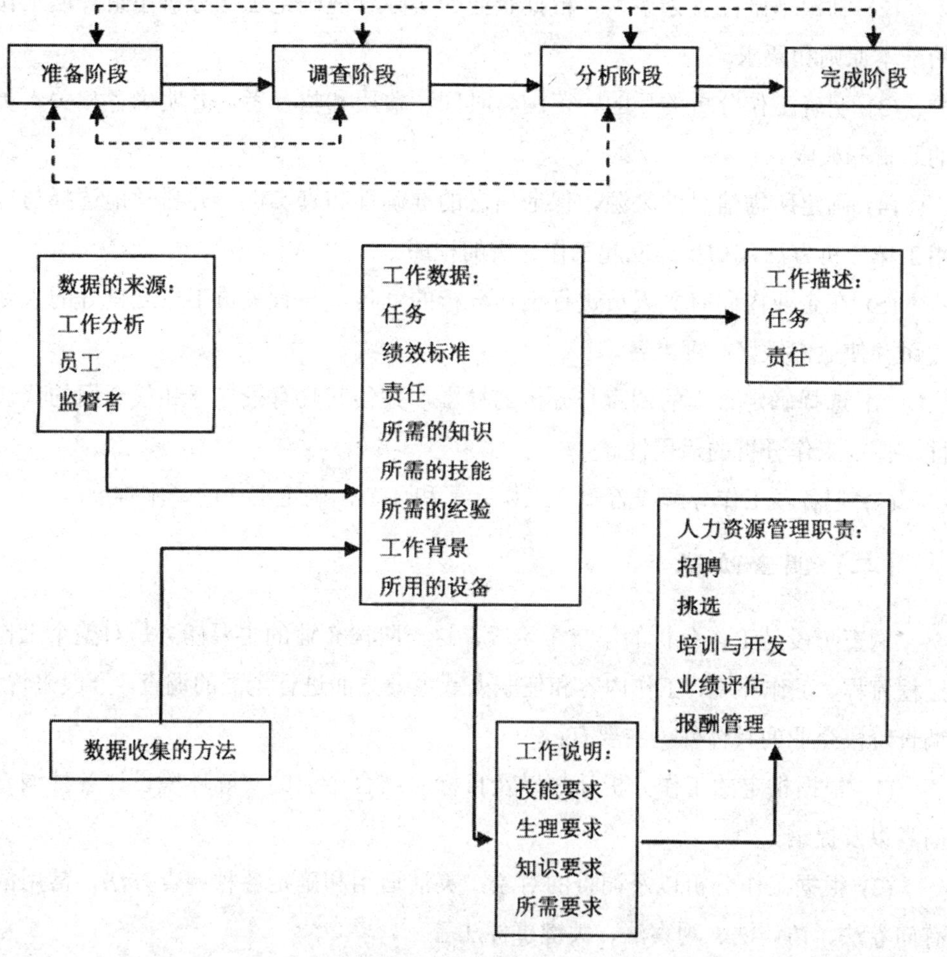

图 3-2 工作分析流程

(一) 准备阶段

准备阶段也叫计划阶段，它是工作分析的第一步，主要的任务是对工作分析进行全面的设计，为其顺利实施进行合理的布局和规划。一般来说，企业在工作分析的准备阶段主要的工作包括：确定工作分析的企业、样本及规范，以及建立关系等工作。具体工作如下。

(1) 在企业的企业之下成立由工作分析专家或顾问、人力资源部门工作人员、各部门负责人、岗位在职人员参加的工作分析小组或委员会。

(2) 制定基础性规划条款，根据企业的实际状况确定工作分析小组开展工作的基本原则和要求。

(3) 明确工作分析的目的、范围、时间、费用和执行者，并明确各相关人员的职责和权限。

(4) 确定所需信息的来源，保证信息的准确性和真实性，并科学地选择与运用工作分析方法，初步建立起工作分析的程序。

(5) 在企业内向有关人员进行工作分析的宣传，与有关员工建立良好的人际关系并使他们做好心理准备。

(6) 选择确定合理的调查与分析的样本，并使其具有最广泛和最全面的代表性，保证工作分析的适用性。

(7) 把各项工作分解成若干个工作元素和环节，确定工作的基本难度。

(二) 调查阶段

调查阶段是工作分析的第二个阶段，这一阶段企业的主要任务是对整个工作过程流程、工作环境、工作内容和任职人等主要方面进行全面的调查。一般来说，调查阶段企业的具体任务主要有：

(1) 根据指定的工作分析计划以及目标，结合企业的实际环境设计各种调查问卷以及提纲。

(2) 根据工作分析以及调查的对象，灵活运用和确定各种调查方法，常用的有问卷法、访谈法、观察法、关键事件法等。

(3) 广泛收集有关工作的特征及需要的各种数据，一方面是提出原有工作描述和工作规范书的主要条款中需要改进的问题；另一方面对新工作的所有信息进行收集。

(4) 根据企业的岗位职能设置和员工的实际工作情况，收集并分析每个工作岗位任职者的适应情况。

(5) 对收集来的有关工作特征、工作人员特征信息的重要性及其发生的频率，进行等级评定。

(三) 分析阶段

分析阶段是工作分析的第三阶段，这一阶段企业的主要任务是对调查收集的整个工作的特征与任职者的特征结果进行认真分析。分析阶段企业的具体任务主要包括：

(1) 仔细审核已收集到的各种信息。

(2) 运用科学的方法创造性地发现有关工作的关键点。

(3) 归纳、总结出工作分析所需要的材料和要素。

(四) 完成阶段

完成阶段是工作分析的最后阶段，这一阶段企业的主要任务是根据企业现有的工作规范和信息编制工作描述书，对发现的不足进行科学的修正，并且在这一阶段，企业会就工作规范书内容和形式再一次征求意见然后工作规范书定稿。具体包括以下工作：

(1) 根据收集的有关的工作信息，草拟出工作描述书和工作规范书。

(2) 将草拟的工作描述书和工作规范书与实际工作进行对比。

(3) 修正工作描述书和工作规范书。

(4) 经过多次反馈、修改，形成最终的工作描述书和工作规范书。

(5) 将工作分析的成果运用到实践中，注重实际工作中反馈的信息，不断完善工作描述书和工作规范书。

(6) 对工作分析进行总结评估，并将工作描述书和工作规范书进行归档保存，建立工作成果的管理制度，为以后的工作分析提供信息。

工作分析对企业人力资源管理目标的实现具有十分重要的意义，并且是人力资源管理的基础性工作，因为工作分析的结果是各项人力资源管理职能得以实现的决策基础。分析——应用——再分析——再应用，企业的工作分析总是在这样一个动态循环中周而复始的进行。

第二节　工作岗位的评价和工作分析面临的挑战

一、工作岗位评价

（一）工作岗位评价的原则

工作岗位评价的原则主要有以下三个：

(1) 工作岗位评价中评价的是岗位，而不是岗位中的员工；

(2) 让员工积极地参与到工作岗位评价中来，以使他们认同工作岗位评价的结果；

(3) 工作岗位评价的结果应该公开。

（二）工作岗位评价的信息来源

1．直接的信息来源

直接信息来源是指企业通过直接企业现场岗位调查，采集有关数据和资料。直接信息来源的优点是可以保证所获取岗位信息的真实可靠和详细全面；不足之处是需要投入大量人力、物力和时间。

2．间接的信息来源

间接信息来源是指企业通过现有的人力资源管理文件，(我们之前提到的工作说明书、岗位规范、规章制度等都属于人力资源管理文件) 对岗位进行评价。间接的信息来源具有时间短、费用低的特点，但所获得的信息过于笼统、简单，这些粗糙的数据有可能导致工作岗位评价的质量的下降。

（三）工作岗位评价的主要步骤

1．岗位分类

在企业进行岗位评价之前，应该按岗位的工作性质，将其分为类。例如，按照工作性质的不同将其区分为技术岗位、管理岗位、营销岗位和生产岗位四大类。一般来说，岗位类别层次的多少，应视企业的生产规模、产品繁杂程度等具体情况而确定。

2．收集信息

收集信息是工作岗位分析最重要的环节之一，如果没有足够的信息作支持，工作分析不可能完成。一般来说，所需收集的信息涉及相关工作岗位的方方面面，既包括过去的，也包括现今的各种相关数据资料；既应当有各种文字性资料，也应当有其他种类的信息。

3．成立评价小组

建立由岗位分析评价专家组成的工作岗位评价小组，制定具体的工作岗位评价计划，确定详细实施的行动方案和实施细则。培训相关人员，使他们系统地掌握工作岗位评价基本理论和方法，能够独立地完成对各个层级工作岗位的综合评价。

4．指标说明

制定各项工作的考核的分析指标是完成整个岗位评价的基础环节。一般来说，企业应该在广泛收集资料的基础上，找出与岗位有直接联系、密切相关的各种主要因素及其指标，列出细目清单，并对有关指标做出说明。

5．设计问卷和表格

表格和问卷是企业获取相关信息的主要途径，通常情况下，这些工作都是评价专家小组经过集体讨论，构建其工作岗位评价的指标体系，并规定统一的衡量标准，设计各种调查问卷和表格。

6. 试点试行

选择几个重要岗位作为分析的试点现行实施，以便观察和确定评价体系是否科学，从中发现问题，总结经验，采取相应的对策，及时纠正。

7. 落实计划

落实工作岗位评价计划。包括岗位测定、资料整理汇总、数据处理分析等具体工作过程。撰写出企业各个岗位的评价报告书，提供给有关部门。

8. 分析总结

岗位评价工作进行全面总结，以便汲取工作岗位评价工作的经验和教训，为以后岗位分类分级等工作的顺利开展奠定基础。

(四) 工作岗位评价的主要方法

1. 选择排列法

选择排列法是排列法的一种新发展，一般来说可以按照以下几个步骤进行工作岗位评价。我们可以把企业的10个管理岗位进行分类，即：A、B、C、D、E、F、G、H、I、J。

(1) 按照岗位相对价值的衡量指标，如岗位的责任程度，从10个岗位中选择最突出的岗位，将其代码填写在排序表(如表3-1所示) 第一的位置上，同时，选出程度最低或最差的岗位，并将其代码填写在排序表最后的序号位置上。

(2) 由于10个管理岗位中，相对价值最高与最低的岗位D和B，已经被列入表第一和最后的位置上，第二步是从余下的8个岗位中，挑选出相对价值最高和最低者，并将其代码分别填写在排序表中第二和倒数第二的位置上。

(3) 再从剩下的 6 个岗位中，选择出相对价值最高与最低的岗位，将其代码填入排序表中第三和倒数第三的位置上。

(4) 以此类推，最后完成了该部门管理岗位的排序工作。

选择排列的优点在于提高了岗位之间整体的对比性，缺点是受评价人员的主观意识和自身专业水平的制约和影响比较大。

表 3-1　选择排列法举例[①]

排序	1	2	3	4	5	6	7	8	9	10
岗位代码	D①	A②	C③	H④	F⑤	E⑤	G④	I③	J②	B①

注：表中的带圈数字序号表示选择的先后顺序。

2. 成对比较法

成对比较法，亦称配对比较法、对子比较法、平行比较法、两两比较法等。该方法要比上述的工作岗位评价法更加准确有效。

比较法进行岗位分析的基本程序如下：

(1) 将每个岗位按照所有的评价要素与其他所有岗位一一进行对比，如表 3-2 所示。

(2) 将各个评价要素的考评结果整理汇总，求得最后的综合考评结果。如表 3-3 所示。

表 3-2　成对比较法：岗位责任要素评价表[②]

岗位代码	A	B	C	D	E	F	排序
A	0	+	+	+	+	+	6
B	−	0	+	+	+	+	4
C	−	−	0	+	+	+	2
D	−	−	+	0	+	+	3
E	−	+	+	+	0	+	5
F	−	−	−	−	−	0	1
汇总	−5	−1	+3	+1	−3	+5	

注：ⓘ用表纵列上岗位与横行岗位对比，以横行的岗位作为对比的基础，如果比本岗位(例如 A 岗) 责任大(或高或重) 者，划上正号“+”，如果比本岗位责任小(或差或低) 者，划上负号“−”。

ⓘⓘ本表是以横行的岗位作为对比的基础，如果以纵列的岗位作为对比的基础，所得出的结果正好相反。

---

① 中国就业培训技术指导中心．企业人力资源管理师(三级) ．北京：中国劳动社会保障出版社，2007：245．

② 中国就业培训技术指导中心．企业人力资源管理师(三级) ．北京：中国劳动社会保障出版社，2007：245．

表 3-3　成对比较法统计汇总表[③]

工作岗位评价要素	A	B	C	D	E	F
1．岗位责任	6	4	2	3	5	1
2．劳动强度	5	6	1	2	4	2
3．知识水平	6	5	4	2	3	1
4．技能要求	5	4	6	3	2	1
5．劳动环境	5	6	1	4	3	2
6．社会心理	6	5	3	2	4	1
排序号汇总	33	30	17	16	21	8
岗位级别由高到低排序	6	5	3	2	4	1

从上述比较过程来看，工作岗位评价人员将按照事前制定的评价指标，对需要评价的每个岗位两两对比，然后根据所得到的结果和评分，按照评价值的大小排列出各个岗位的高低顺序。

成对比较法是在同一时间内仅在两对岗位之间进行比较，结果全面准确，但是如果涉及的岗位过多，虽然此法操作简便，但是工作量会成倍地增加，因此其最佳适用的范围是小规模的岗位分析；当一个部门的岗位数目很多时，成对比较次数会明显增加。因此，该方法更适合于较小范围内的工作岗位评价工作。

排列法的主要优点是简单、容易操作、省时省力，适合于规模较小、生产单一、岗位设置较少的企业。其缺点是评价标准太宽泛，很难避免主观因素的影响，要求评价人员对每个岗位的细节都非常熟悉，只能排列各岗位价值的相对次序，无法回答岗位之间的价值差距。

3．分类法

分类法也是岗位分析中常用的一种方法，其具体含义是按一个假设的量表，把工作岗位划分为几个类别，每个类别常有明确的界限，加以说明，并根据所判断的岗位的整个价值与几种分类描述的关系，把一种工作岗位划分为特定的类别。一般来说此方法需要有工作说明书和岗位等级的说明，其工作程序如下：

(1) 进行岗位分析并做出分类。

[③] 中国就业培训技术指导中心．企业人力资源管理师(三级)．北京：中国劳动社会保障出版社，2007：246.

(2) 确定岗位类别的数目。

(3) 对各岗位类别的各个级别进行定义。

分类法是一种简便易理解和易操作的岗位评价方法。这种方法的灵活性较强，在企业中岗位发生变化的情况，可以迅速地将企业中新出现的岗位归类到合适的类别中去。其缺点是不能清晰地界定等级，岗位之间的比较存在主观性，准确度较差，成本较高。适合于各岗位的差别很明显的企业或公共部门和大企业的管理岗位。

二、工作分析面临的挑战

(一) "以工作为中心"的传统工作设计

工作设计始于科学管理，最早提出工作设计理念的是泰勒、吉尔布雷斯夫妇，他们通过对工作分析的研究应用"时间－动作研究"法，系统考察了不同类型的工作，并通过对这些考察做出分析，对传统的工作进行了重新设计，以充分激发员工的潜能，最大限度地提高工作效率。在工作设计研究之初，其主要内容是针对工作本身的相关因素，比如企业完成任务应该使用的方法，企业员工之间的沟通协作，科学合理的工作流程，并针对性地完成工作地点的布局，确定任务的标准，人与机器的关系等。这种"以工作为中心"的工作设计确立了工作设计在管理活动中的基础。

这种工作设计我们称为传统工作设计，其思想基础是"经济人"的假设，核心观点是强调劳动分工对生产效率的作用，最大限度地保证经济利益和技术发展的合理性。传统工作分析观念推行以工作为中心的管理方式，这就要求企业必须把工作需要置于人的需要之上，即坚持"工作第一，员工第二"的工作设计原则，很显然这与当下"以人为本"的社会和经济发展思路不相符。

(二) "以人为中心"的现代工作设计

传统的"以工作为中心"的工作设计在人力资源发展的过程中起到了重要的作用，时至今日仍然能够在提高工作效率方面有不俗的表现，但由于其重点是专业化分工及操作的标准化、简单化，强调流水作业，所以在提高工作效率的同时，也使工作本身变得支离破碎，并且容易引起员工的疲劳感和厌倦感，这会进一步加深员工改善工作质量的要求与企业工作制度之间的矛盾。随着广大员工个人素质、文化水平的不断提高，他们对工作环境和工作质量的要求也不断增高。在传统的工作设计模式下，人们期望从工作中得到的满足与实际得到的差距越来越大，最终导致员工的离开。特别是随着社会经济不断发展，择业变得越来越自由，员工获得的工作机会也越来越多，人们不像过去那样守着一份工作干到退休，更不能忍受枯燥工作带来的苦恼，人们开始寻求可供自我满意的工作形式。对现有工作的不满，导致员工的离职、厌倦、沮丧、疏远和怨恨，直接影响企业效益水平。员工缺勤率高，完成任务质量差，甚至故意捣乱、破坏会使企业蒙受损失，以服务质量为生命的旅游企业就更是如此。

一般来说，现代企业因为生产经营的需要，出现了企业部门多、工种多、岗位复杂，各部门、各工种对员工素质、能力和技能的要求各不相同的复杂状况。因此，企业人力资源管理部门不仅需要根据企业经营目标，合理设置相应的机构、岗位，对各机构不同的岗位进行工作分析，制定相应的岗位责任与工作标准，还要根据这些标准对企业员工招聘、选拔以及考核与调配做出相应的调整套，以保证每个岗位上的员工都能够达到岗位要求，做到人尽其才、事得其人。

第三节　工作设计与再设计

一、工作设计

（一）工作设计的含义

工作设计与职位分析有着密不可分的关系，二者就像一根藤上的两个瓜，虽然不一样但却有着天然的联系，并且从时间上看二者也几乎是同时产生的。我们可以从职位分析的结果中分析出目前的工作内容设置是否合理，当前的工作安排能否让员工有效地工作，如果不能，就应该对此进行一些补充和完善，也需要对工作岗位进行重新设置，这就是我们所说的工作设计。通过上面的描述，我们也可以发现，工作设计是在职位分析的基础上实现的。

工作设计是指根据企业需要，并兼顾个人需要对工作完成的方式以及某种特定工作所要求完成的任务、承担的责任、享有的权利和在企业中与其他职位的关系进行界定的过程。

工作再设计是指改变某种已有工作中的任务或者改变工作完成的方式的过程。

(二) 工作设计的要求

1. 全部工作的总和应能覆盖企业总任务

全部工作的总和应能覆盖企业总任务是指企业运行所需要的每一项任务和具体要求都应该落实到职务要求细则中去，并在工作设计时有所体现。比如，企业为了保证工作进度，防止意外情况对正常的生产和经营造成影响，对于完成临时性任务，要作“完成领导交办的其他事宜”的要求。

2. 全部工作的总和应能保证企业总目标的实现

全部工作的总和应能保证企业总目标的实现是指，企业运行所要达到的每一个结果、企业内每一项资产的安全和有效运行都要落实到具体的工作岗位上，不能出现没有人负责的情况。这是保证落实岗位责任制，保证企业的工作效率和企业总目标实现的基础。

3. 工作设计应能够发挥员工能力、提高企业效率

充分发挥员工的工作能力，刺激员工的积极性，保证企业的工作效率这是要求工作设计全面权衡经济效率原则和员工的生理和心理上的需求，找到最佳的平衡点，保证每个人满负荷地工作。如果工作负荷过低，员工的能力得不到发挥，潜力难以被激发就会导致企业人力、财力和物力的巨大浪费。但如果超负荷工作，就会影响员工的身心健康，并可能会由于疲劳工作给机器设备带来不必要的伤害，给企业造成损失。

4. 工作设计应该考虑到现实的可能性

除了以上三个要求外，企业进行设计是还应充分结合与考虑企业所处的内外环境，保证所制定计划的可操作性。比如，一个企业需要一名高级财务主管，要

求他既能处理国际财务问题，又能做出风险小的投资决策。这就要求既要考虑企业内有无适合人选，又要考虑在社会上公开招聘需要花费的代价，在二者中权衡利弊。如果企业能够找到这样的人那么就不存在操作性不足的问题，如果因为资源约束，一时找不到合适的人员，企业应该考虑适当修改职位要求的细则，保证自己的工作设计能够推行。

(三) 工作设计的内容

工作设计主要有以下六个方面的内容。

1. 工作内容

工作内容是解决工作范畴问题的基础。一般来说，工作内容主要是确定工作种类、工作自主性、工作复杂性、工作难度和工作完整性等的基本问题。

2. 工作职责

工作职责主要是关于工作本身的描述，包括工作责任、工作权限、工作方法、协作和信息沟通。工作职责是明确岗位责任制，保证员工工作质量和工作效率的基本要素，在工作设计中占有重要的地位。

3. 工作关系

工作关系主要是指工作中人与人之间的关系，包括上下级之间的关系、同事之间的关系、个体与群体之间的关系等。工作关系属于员工环境的一部分，不同于客观环境，人际关系环境的好坏主要依靠的是员工之间的交流和认识，企业进行工作关系设计主要是为员工的交流提供一个便利的平台。

4. 工作结果

工作结果是指工作所提供的产出情况，包括工作产出数量、质量和效率，以及企业根据工作结果对任职者所作出的奖惩。工作结果的好坏直接关系着工作质量的高低，以及企业目标的实现。

5. 工作结果的反馈

工作结果的反馈是指任职者从工作本身所获得的直接反馈以及从上、下级或同事那里获得的对工作结果的间接反馈。

6. 任职者工作反馈

任职者的反馈是指任职者对工作本身以及企业对工作结果奖惩的态度，包括工作满意度、出勤率和离职率等。企业如果想要留住优秀的人才，付出高薪是一个方面，另一方面企业还要保证员工自身价值实现以及员工工作愉悦度等，而要做到这些需要员工的工作反馈。

（四）工作设计的方法

随着企业管理理论的发展和学科交融趋势的强化，研究企业的人和管理企业的人都对工作设计很感兴趣，因为工作设计作为一种改善企业工作的手段，可以有效地提高工作者的工作满意度，激发工作动机和潜能，改善工作绩效，为企业总战略目标的达成做出贡献。

1. 工作轮换

职位设置的高度专业化可以为企业提供更高的劳动生产效率和利润水平，但是高度专业化的能力要求和劳动轻度可能会引起员工的不满，为了缓解员工对高度专业化的这种不满情绪，可以在允许的条件下，以“一专多能”为目标，采用工作轮换的方法。

工作轮换是指在工作流程不受较大影响的前提下，将员工从一种工作岗位换到另一种工作岗位。我们应该认识到，工作轮换这种工作设计的方法并不会改变工作设计本身，其主要的目的是为了缓解员工对过分专业化的单一重复性工作所产生的厌恶感。一般情况下，在生产流程短期内难以发生变化的情况下，员工在不同岗位上轮换操作，有助于为员工提供一个发展技术和较全面的观察和了解整个生产过程的机会，并创造“一专多能”的有利条件，这不仅可以在一定程度上降低员工的厌恶感，还可以为员工自身未来的发展提供更为广阔的空间。如果因为企业经营性质和产品生产特点的原因造成企业的工作轮换难度较大，企业应该致力于使工作更具有挑战性，并使员工有更强的适应能力，为将来工作发生实质性变化做好准备。

管理人员的轮换更多地体现为一种学习、培训过程，因为管理人员在轮换过程中会全面增加对企业的了解，积累下经验，这对于协调他们的调节人际关系，为以后晋升提供了一个很好的准备机会。在日本企业中，轮换是一种被广泛应用的工作制度，从效果来看这种轮换对管理人员的培养发挥了积极的作用。

2. 工作扩大化

工作扩大化是指企业通过工作设计，增加工作内容，使员工的工作变化增加，并且这种变化往往伴随着对工作能力增强的要求，这种内容丰富、挑战性较强的工作制度可以有效地激发员工的工作兴趣，促进其潜能的开发。工作扩大化的设计方法，其特点是横向扩大工作水平与工作条件相似的工作范围，使员工的工作内容多样化。每个员工不仅在某道工序工作，而且还要参加相似的、邻近的、前道的、后道工序的工作。这种方法并未改变员工的工作性质，只是使员工做更多工种的工作。

3. 工作丰富化

工作丰富化是一种使员工明确工作意义、取得工作自主权后运用多种技能去全面完整地完成工作任务并得到反馈，从而提高员工积极性的一种方法。工作丰富化可以为员工创造更广阔的自我发展空间，为员工提供更大的发展平台，成功机会的增加会促使员工积极地去面对工作中的新挑战。赫茨伯格的双因素理论是工作丰富化的理论来源。赫茨伯格认为“当工作中缺乏保健因素时，员工会产生不满情绪，而保健因素增加时，员工的不满情绪虽然会被消除，但并不会产生对员工的激励。当涉及工作内容本身的激励因素(如工作的挑战性、自主性、责任、成就等) 增加时，会提高对员工的激励水平和激励效果，使员工能取得较高的工作绩效。”

工作丰富化可以看作是对工作内容的深化和拓展，因为这一变化不仅大大丰富了员工个人的工作内容，而且跳出了岗位与任务框框的约束，使员工能够更全面地了解整个生产过程与市场情况，增强其大局观。从这段描述中我们也可以看出，工作丰富化的概念不同于“一专多能”的以技术因素为主的工作设计方法，其最大的特点和优势在于丰富的工作内容大大增加了企业管理因素与企业文化因素在工作中的活跃程度。

一般来说工作丰富化主要有以下几种操作方法：

(1) 创造与产品消费者接触的机会，让员工了解并尽快满足用户的需要；

(2) 在工作设计中留出机动岗位，使员工能自行安排工作进度；

(3) 实行弹性工作制，增加灵活性，提高工作生活质量；

(4) 组合工作任务，使员工能从头到尾装配一个完整的产品等。

工作丰富化的核心是体现激励因素的作用，其指导思想与设计理念与传统的单纯性的工作设计方法具有很大的差别，比如费用的增加，但是我们应该看到员工的价值观、成就感发生的实质性变化。

总之，工作设计的一个发展趋势是从物的设计到人的设计，从硬件的设计到软件的设计，从个人特征的设计到团队特征和企业气氛的设计。

二、工作再设计

工作再设计本质上与工作设计没有区别，是指企业已经存在一段时间之后对岗位设置、职务职责等内容进行的重新思考和设计。企业进行工作的再设计是为了提高工作效率，从工作内容上来看，工作再设计属于企业对第一层次工作设计确定的工作说明以及岗位规范要求的修改。职务再设计的目的是优化人力资源配置，为员工创造更加能够发挥自身能力、提高工作效率的管理环境保障，其实质是对现有工作规范的认定、修改或对新设置岗位的完整描述。

第四章　当前背景下企业人员招聘问题分析

员工是企业最宝贵的资源。招聘的目的绝不是简单地吸引大批应聘者，人力资源招聘的根本目的是获得企业所需的人员，减少不必要的人员流失，同时招聘还有潜在的目的：树立企业形象。而有效的招聘实际是指企业或招聘者在适宜的时间范围内采取适宜的方式实现人、职位、企业三者的最佳匹配，以达到因事任人、人尽其才、才尽其用的互赢目标。能否招聘到合适的人员，不仅关系到企业后备人才的储备，而且影响到企业的稳定运行。如何提高招聘的有效性，已不仅仅是人力资源部门所必须面对的问题，也成了企业高层及用人部门主管关注的焦点。

有效的招聘管理可以提高员工的满意度和降低员工流失率。"一开始就聘用到合适的人员，会给用人单位带来可观的利益。据估计，这种经济收益相当于现有生产力水平的 6%～20%"。甚至有专家认为，特别是在小型企业中，招聘管理的有效与否可能就是造成盈利和亏损差别的关键所在。总之，有效的招聘管理意味着员工将与他的岗位相适应，企业和所从事的工作能带给他较高的工作满意度和企业责任感，进而会减少员工旷工、士气低落和员工流失现象。新招聘的员工，犹如制造产品的原材料，其基本素质的高低、技能和知识的掌握程度、专业是否对口等，对员工的培训及使用都有很大影响。如果企业的人员招聘工作做得不好，引进了素质较差或专业不对口的员工，在对其培训时不但要花费更多的培训成本，而且在之后由于本身与岗位的差距等都会给企业带来长期沉重的负担。相反，素质较好、知识技能较高、专业对口的员工接受培训的效果就会较好，培训后成为合格员工，创造高绩效的几率也较高。

第一节　企业人力资源招聘的时代特征

一、招聘的含义

招聘是指在企业总体发展战略规划的指导下，制订相应的职位空缺计划，并决定如何寻找合适的人员来填补职位空缺的过程，其实质就是让潜在的合格人员对本企业的相关职位产生兴趣并且前来应聘这些职位。[①]

要想准确地理解招聘的含义，需要准确把握以下三个要点：

(1) 招聘的目的是吸引员工，也就是说要企业人力资源管理部门在招聘阶段的任务是将人才吸引到企业，至于如何选拔应聘者并不是招聘工作的主要内容，不要和录用混淆。

(2) 招聘所吸引的人才一定要是企业需要的，这也就意味着招聘要把空缺职位的人员吸引过来，这一点可以作为对人力资源管理部门招聘工作质量的一个衡量标准。

(3) 招聘活动吸引人员的数量应当控制在一定的范围之内，既不能太多也不能太少，应该与企业的需求量相适应。

二、招聘的原则

(一) 科学客观原则

科学客观原则是指企业制定人员招聘计划时，应该充分考虑相关政策法规、劳动力市场的供求状况以及企业的客观需求，企业的人力资源招聘计划应该是建立在科学分析之上的客观结果。科学客观原则还体现在招聘过程中对招聘技术以及选拔方法的科学运用，充分结合心理学、行为学等学科知识，不仅要选拔出符合企业工作需求的员工，还要充分发掘具有培养潜力的人才。

[①]董克用，叶向峰. 人力资源管理概论. 北京：中国人民大学出版社，2004.

(二) 竞争透明原则

经过长期的实践检验，竞争市场是最有效率的市场，这启示我们当企业引进人员时，要充分发挥和利用竞争机制的这一特点。在企业招聘的竞争性方面我们可以从以下两个方面入手：

(1) 制定具有竞争性的招聘条件，尤其对高级管理人才及关键技术人才要能体现出挑战性；

(2) 促进应聘者之间的竞争，这样可以保证应聘者在招聘过程中能充分展示自己的才能。

招聘的标准、要求、过程以及评审的标准的透明性在很大程度上影响着应聘者对企业招聘的公平性以及信誉度的认识，这样做还可以有效地避免不合格的应聘人员利用非正当途径进入企业。

(三) 人力资源工作要与企业长期目标一致

在招聘过程中更要注重应聘人员的现有技能和所具备的潜质，使其与企业的主业和下一步发展相一致，使得企业在生命周期的任何阶段都有充足的后备人选。同时，对企业内现有的或将来的各个部门的人员配备做出初步的规划，做到统筹规划，综合引进，并充分利用现有的人力、财力，尽最大可能找到适合的人选。

(四) 经济性、效益性原则

企业在招聘过程中需要花费大量的费用，但理想的人才对企业的贡献将远远高于招聘费用。因此，招聘时要坚持经济性、效率性原则，根据不同的招聘要求，灵活选用适当的招聘形式，用尽可能低的招聘成本录用高质量的员工。

(五) 阶段性、连续性原则

个人的发展与企业的发展同样具有阶段性。在企业特定的发展阶段中，要有目的地吸收与企业成长阶段相适应的人才，做到量才录用、用其所长、人尽其才。因而在招聘过程中，不一定要最优秀的，只有招到最合适的人选，才能使企业和个人都得到相应的发展。同时，随着企业的发展和市场的变化，以及人才市场的自然流动性，企业还要保持招聘的连续性。一方面为企业的发展提供人力资源，另一方面又使企业不断地增加新鲜血液，提高企业的市场适应性。

(六) 稳健性、利用“外脑”原则

招聘要坚持稳健原则，提高成功率，采取积极措施增加成功的可能性。如估算招聘计划的成功概率，训练招聘人员，为招聘者提供相关的工作预览。必要时，可借助“外脑”，聘请有经验的专家及专业机构对应聘者进行选拔与评价。

三、对招聘的影响因素

(一) 外部因素

1. 国家政策与法律法规环境

国家政策与法律从客观上界定了企业人力资源招聘的选择对象和限制条件，是约束企业招聘和录用行为的重要因素。改革开放之前，我国实行全面包干的“低工资，高就业”的就业政策；改革开放后，实行“三结合”的自由就业方针，并对原有的劳动合同制进行了改革，使企业的招聘拥有了更多的自主性和灵活性，促进了人才的流动。

2. 社会经济制度

企业招聘制度逐步完善，招聘的方式方法日趋科学，并且随着民营企业的快速发展，其招聘方式和用人理念也对传统的招聘制度造成了很大的冲击。随着市场经济的发展，国有企业人事制度也在逐步向市场化转变，企业的人力资源招聘都在朝着科学化、公平化、自主化的方向发展。

计划经济体制限制了人才的发展，人才供求双方的选择空间都很小。在政府分配工作的时代，企业接受大专院校学生，转业、退役军人，以及工作调动人员，这种人才选拔制度并不能真正地发挥出这些人才的才能，企业也难以从中受益。

3. 宏观经济形势

(1) 通货膨胀影响企业人力成本。通货膨胀对招聘的直接影响体现在招聘的支出上。在通货膨胀的经济状态下，企业人力资源招聘的成本上升，另外，员工工资的上升也会影响招聘成本，制约招聘规模。

(2) 宏观经济形势与就业率紧密相关。一般而言，宏观经济形势良好，则失业率低；反之，宏观经济出现危机，企业生产能力水平低，招聘机会少，则失业率高。

(3) 政府对经济的宏观调控能力。政府通过制定相关的金融、税收等来影响和调节资本和金融市场，从而间接对企业以及企业用人标准产生影响，主要包括影响招聘规模、招聘范围、招聘标准等。

4. 社会文化环境及风俗习惯

社会文化背景及企业所在地的教育状况、风俗习惯也会对企业的招聘活动产生影响。因为社会文化和风俗习惯影响的深刻性和长远性，受其影响的人们会形成带有明显社会文化价值倾向的择业观念，这些观念直接影响人们的职业选择甚至对教育的选择。

5. 技术因素

企业的生产技术水平、管理手段以及企业生产的现代化程度等，都对企业的人才需求结构和类型有着极为重要的影响。技术进步对企业人员招聘的影响主要表现在对劳动力市场的影响，对人力资源招聘数量的影响以及对就业者素质要求的变化三个方面。技术进步对企业与应聘者双方的影响都是巨大的，企业在进行招聘时必须尊重这些客观事实，并且要科学预测这些因素的发展变化趋势，在全面认识和科学分析的基础上进行员工招聘。

6. 劳动力市场与产品市场

劳动力市场是进行招聘工作的主要场所和前提条件，我们可以从劳动力供给数量与劳动力质量这两个方面来进行理解。

(1) 从劳动力供给数量的角度来看，供不应求的劳动力市场会使招聘活动变得既困难又昂贵。

(2) 从劳动力供给质量的角度来讲，劳动力需求方——企业会对求职者的素质提出具体要求，对求职者的需求的满足也有一个范围。

在劳动力市场上，不同类型人员的供求状况存在很大差异。一般来说，招聘岗位所需条件越低，劳动力市场的供给就越充足，招聘工作相对容易；招聘岗位

所需条件越高，劳动力市场的供给就越不足，招聘工作就越困难

(二) 企业内部因素

1．企业的发展战略

(1) 企业战略类型影响招聘的数量。企业发展战略一般可以分为成长型、稳定型以及收缩型三种，不同的发展战略对员工的数量和质量要求都有所不同，企业应该根据自己所采取的发展战略结合自身的实际状况，科学确定自己的招聘规模以及招聘人员的数量。

(2) 企业战略决策影响招聘的方法。采取不同战略类型的企业，应采用不同的招聘方法以满足自己对人才的特殊需求。防御型企业倾向于内部调配，通常采用内部提拔的方法；探索型企业中，倾向于高技术人才，通常采用雇用成熟员工的方法；分析型企业二者都有侧重，通常采取二者结合的招聘方式。

(3) 企业战略选择影响招聘人员的素质与类型。不同发展战略的企业，招聘人员的素质和类型也有不同的要求。如选择多元化战略的企业需要招聘背景多样化的员工，选择国际化发展战略的跨国企业决定了其招聘来源的国际化。

2．招聘职位的性质

企业人力资源招聘的主要目的是为企业储备人才和填补职位空缺两个方面，一般以后者为主。通常来说空缺职位的性质由人力资源规划决定的空缺职位的数量和种类以及工作分析决定的空缺职位的工作职责所决定。空缺职位的性质是决定企业招聘数量和招聘范围的重要依据，并且它也是应聘者了解岗位职责，进行自我定位的重要依据。

(1) 储备型人才要与企业发展战略相结合。储备型人才是为企业的发展进行的人才储备招聘，因此招聘标准不仅要符合企业发展战略，并且还要特别注重选拔人员的竞争能力和创新性。储备人才的招聘必须与企业长远发展目标相结合，谨慎选才，企业不仅要对他们的近期发展负责还要为他们的长远发展考虑。

(2) 招聘普通工应考虑节约招聘成本。普通员工是企业人力资源的最主要构成部分，其特点是对员工素质要求不高、数量较多。劳动力市场也有旺季和淡季之分，企业在旺季招聘不仅可以保证招聘的数量，还可以在一定程度上保证员工

的素质并降低招聘成本。普通员工中有一部分会与企业长期合作，逐步成长为中基层管理者；有些则流动频繁，难以持续在一个企业里工作，这也是企业在招聘时要充分考虑的一个因素。

(3) 招聘特殊人才应多借助猎头公司和专业的评价中心。特殊人才是适合特殊行业的专业人才和身怀绝技的专业人才。特殊人才包括企业所需的一些经验充足的高级技工和经过特殊培训得到的人才，如航空公司的飞行员、学科带头人、技术发明者、高级广告设计师以及顶尖的建筑设计师或者服装设计师等。企业要想获取这些人才，单靠企业的自己力量是不够的，大多数情况下需要借助著名的猎头公司和权威的评价公司协助才能完成对人才评价和引进的整个过程。

(4) 招聘高层管理者必须综合使用多种方法。高层管理者对企业的发展至关重要，因为他们是企业发展方向的引领者，他们的称职与否与企业的前途紧密相关，身为管理者必须德才兼备并且能够带领企业历经风浪而不倒。在高层管理人员的招聘中，企业首先要保证招聘的范围，这是企业发现真正人才的重要保证；其次企业必须采用综合选才法，不仅要通过猎头公司、评价中心、企业内外的专家学者推荐，同时也要建立起自己的人才挖掘渠道。

3．企业的用人政策

企业高层决策人员的人才观与用人政策不同，对员工的素质要求也就不同，从而导致企业的人才招聘策略也会存在比较大的差异。就一般情况而言，企业高层决策人员对企业内部招聘或外部招聘的倾向性看法，会决定企业主要采取哪种方法招收员工。

物质吸引是企业招揽和留住人才的重要手段，也就是说企业的报酬及福利待遇水平高低对企业招聘工作效率有着极为重要的影响，企业必须要引起重视。如果企业某一岗位的空缺时间很长，多次招聘都难以找到理想的人员，那么这时企业就要检查一下自己的薪酬和相关福利制度，是不是因为低于同行业的竞争者而失去了吸引力。

4．企业文化与形象

每个企业都有自己独特的企业文化，企业文化同时也是企业特有的竞争优势，在现在企业的经营中，企业文化越来越得到企业的重视。企业文化是企业全体员工在长期的生产经营活动中培育形成并共同遵循的最高目标、价值标准、基本信念及行为规范的总和。这种影响不仅体现在企业的生产管理之中，同时也渗透到了企业的用人思想上，企业的招聘标注一般的都会鲜明地体现出企业对员工价值观和文化观的要求。

一般情况下，当企业的开放程度低时，原有的企业员工会比较排斥外部人员，因此这类企业的填补职位空缺多是通过内部选拔和晋升填补；反之，企业则可以从内部、外部两个渠道来进行空缺职位的补充。

5．企业的招聘成本

不同的招聘渠道、招聘信息发布方式、选拔方法所需要的时间周期不同，花费的成本差异也很大，作为盈利的经济单位，企业不可能在人力资源招聘上不去考虑其成本，企业往往想在最少的资金投入下取得最好招聘效果。不同的招聘方法完成招聘所需要的时间不同，所需时间随着劳动力市场条件的变化而变化。在劳动力市场的淡季，求职者减少，企业的人力成本会上升。因此，企业在进行人力资源招聘之前相关人员应做好预测，以保证企业在预定的时间内获得所需合格人员。

（三）应聘者因素

1．应聘者的职业定位

职业锚是指当一个人面临职业选择的时候，他无论如何都不会放弃的职业中至关重要的东西或价值观。职业锚的概念是美国学者沙因提出的，主要有五种。

(1) 技术型职业锚。具有较强的技术或功能型职业锚的人往往不愿意选择那些带有一般管理性质的职业，倾向于选择能够保证自己在既定的技术或功能领域中不断发展的职业。

(2) 自主型职业锚。属于这种类型职业锚的人希望自己摆脱那种因在大企业中工作而依赖别人的境况，追求的是最大限度地摆脱企业的约束。

(3) 创造型职业锚。这种类型职业锚的人要求有自主权、管理能力，能够施展自己的特殊才能，喜欢创造属于自己的东西，创新性较强。

(4) 管理型职业锚。有些人则表现出成为管理人员的强烈动机，这种类型职业锚的人将管理作为自己的最终目标，他们具有比较强的分析能力、人际沟通能力和情感控制能力。

(5) 安全型职业锚。这种类型职业锚的人极为重视长期的职业稳定和工作基本安全，有体面的收入，退休后有保障，他们倾向于按照别人的指示进行工作。

2. 应聘者的主观偏好

不同求职者对同一因素存在不同偏好，不同的偏好影响了求职者应聘行为。如在市场工资水平一致、职业技能相同、个人财富总量相等的条件下，有的求职者选择轻松但报酬低的职业，而有些求职者则对货币收入的追求程度较高，则倾向于选择劳动强度高、责任重的全职工作以获取较多的收入。另外有的求职者偏重于选择劳动环境，表现出不同的偏好。

应聘者的家庭背景如家庭的经济状况、家长的职业、家庭教育等在很大程度上会影响其择业偏好，进而影响其职业选择，如艺术之家、教师之家、医生世家等都是家庭背景对择业影响的很好例证。

3. 应聘者应聘意愿的强弱

求职动机是指在一定需要的刺激下，直接推动个体进行求职活动以达到求职目的的内部心理活动。个人的求职目的与拟任职位所能提供的条件相一致时，个体胜任该职位工作并稳定地从事该工作的可能性较大。

显而易见，个人的求职目的与拟任职位所能提供的条件相一致时，求职者与拟任职位的匹配性就强，反之就会弱。求职强度高的应聘者容易接受应聘条件，应聘成功率高。反之，求职强度低的应聘者对应聘条件较挑剔，应聘成功率低。

4. 应聘者的职业倾向性

个体择业偏好决定着其择业倾向以及最终的择业决策。对于这个问题，美国约翰霍普金斯大学的心理学教授和职业指导专家霍兰德认为，人的职业倾向和社会职业都归为六种类型：现实型、常规型、社会型、艺术型、调研型、企业型。霍兰德的职业倾向理论认为，每个人的性格和天赋决定了其职业倾向，职业倾向是决定一个人选择何种职业的重要因素，同一类型的劳动者与同一类型的职业互相结合，便达到适应状态，这样劳动者找到了适宜的工作，其才能与积极性才能得以发挥。求职者个性特征各异，与个性特征相关程度高的职位会被认为是理想职位而努力求之，而且在相关程度高的职位上工作容易感到乐趣和内在满足，降低流动率。

四、人力资源招聘的基本战略

企业在进行人力资源的招募时，总的来说可以采取三种战略，即高薪战略、培训战略、广泛搜寻战略，并且各有优缺点。

（一）高薪战略

我们所说的高薪战略就是指企业在人员招聘时为空缺职位确定高于市场水平的薪酬，从而增强对求职者的吸引力，得到自己需要的人才。这种做法的优点是能够快速吸引到高质量的求职者，招募工作比较容易完成；存在的问题是，企业将来需要承担较高的人力资源成本。

（二）培训战略

培训战略是指企业对求职者的基本素质有要求，但是对工作经验却没有太高的要求，只要求职者的基本素质符合企业的要求，那么企业可以在正式雇用员工后对其进行适当的培训，以达到快速上岗的目的。培训战略的好处显而易见是能够快速获得符合要求的员工，因为培训战略对工作经验几乎不做要求；但是存在问题也很明显，即企业将来不得不分配一定量的企业资源对员工进行工作技能的培训。

（三）广泛搜寻战略

广泛搜寻战略的核心是既要求人才质量，又不需要支付较高水平薪酬的战略。就我国而言，虽然目前人力资源市场的劳动力十分充足，但是采用此种招聘战略的企业，进行人力资源招募工作的难度仍然很大。虽然有时候企业或许最终能够找到这种符合要求能力的人才，同时薪酬水平要求也不是很高的人员，但是无论是招聘的时间成本，还是搜寻的时间成本会很高，并且需要企业付出相当大的工作和精力。如果企业岗位出现空缺，并且由于生产经营的紧迫性，企业需要在短期内迅速填补职位空缺，这种战略显然难以达到目的。

第二节　内部招聘与外部招聘

一、企业内部招聘

（一）竞聘上岗的操作规程

(1) 企业需要通过竞聘上岗的岗位必须事先公布，使每个员工都知道。

(2) 成立竞聘上岗领导小组，聘请一个或几个外部专家进行招聘的管理工作，其目的是为保证竞聘的公正、公平以及公开。

(3) 所有竞聘岗位人员不能内定，并且严格遵守领导不能参与推荐、暗示的基本原则。

(4) 竞聘岗位均要有科学的完整的职务说明书，并公告员工知晓；应聘条件须具有普遍性，不能针对某些个体或小群体，应结合企业实际情况，确定合适的基本条件。

(5) 要注意合理的控制岗位申请人的数量，可以在竞聘资格上进行合理的控制，以免出现某个岗位只有一两个人申请竞聘，而另一个岗位申请人太多的情况。

（二）内部竞聘的优缺点

1．内部竞聘的优点

(1) 内部竞聘可以充分激发员工的内在积极性。企业实行公平竞争的内部竞聘的招聘方式，可以让员工充分地感受到企业真正给自己提供了发展空间，这也使得员工愿意提升和经营自己，以使自己获得更大的发展空间。

(2) 内部竞聘可以让员工迅速地熟悉并进入工作。通过企业内部竞聘获取的人力资源由于熟悉企业、同事以及领导，并且认同企业的工作环境和文化，因此在新的工作岗位上可以迅速进入角色，适应自己的新工作。

(3) 内部竞聘可以保持企业内部的稳定性。企业如果大量从外部招聘新员工尤其是管理岗位，可能会出现老员工对新员工的排斥现象，但是通过内部获取将优质人力资源补充到合适岗位时，则可以有效地避免这种情况的出现，可保持企业内部的稳定性。

(4) 内部竞聘可以最大限度规避识人用人的失误。内部竞聘的人力资源获取方式获取的是企业内部的员工，由于企业对员工有较长时间的观察和了解，对其工作能力和性格点都有比较深入的了解和认识，因此能够将用人风险降到最低。

(5) 内部竞聘可以有效降低招聘成本。一次大规模的公开招聘，需要企业投入大量的人力和物力，消耗相当多的时间和精力。如果企业采用内部竞聘的招聘方式可以有效地减少工作量，省去大量的招聘准备工作，使人才获取的费用降到最小值。

2．内部竞聘的缺点

(1) 容易形成企业内部人员的板块结构。人员流动少以及内部晋升的途径和方法容易形成企业内部人员的帮派和板块结构。当内部晋升渠道畅通时，非正式企业想推荐自己小圈子的人员就成为一种必然。

(2) 可能引发企业高层领导的不团结。用人的分歧历来是在企业高层领导中最容易发生的，因为这涉及权力的分配，涉及个人核心班子的组成和个人威信的提高。因此，当出现用人分歧时，企业高层领导原本存在的不团结因素会更加明显化，而这种状况的产生是内部获取过程中最大的损伤。

(3) 缺少思想碰撞的火花，影响企业的活力和竞争力。企业不会因为内部获取产生思想碰撞，也不会由于这种碰撞出现的不平衡而引发深层思考和继续碰撞。

(4) 企业高速发展时，容易以次充优。不少企业为了规避识人与用人的失误，几乎所有的管理人员均由内部选拔。当企业高速发展时，这种由内部晋升的方法不仅不能满足工作的需要，而且“以次充优”的现象将会十分普遍和严重。

(5) 营私舞弊的现象难以避免。由于彼此熟悉和了解，当一个崭新的机会来临时，不可避免地会出现托人情、找关系的现象，结果难以避免徇私情、走后门、官官相护或出现利益联盟的情况。

二、企业外部招聘

（一）企业外部招聘的主要方式

1．委托地区就业服务中心招聘

企业进行外部招聘可以到各地区就业服务中心进行委托，这种形式的招聘方式主要用于招聘企业基层人员以及半技术人员，文化程度以高中、高职(含) 以下程度者为主。

2．报纸广告招聘

企业进行外部招聘可以在报纸上刊登招聘启事，通过这种方式招聘可以增强保证招聘信息的时效性，并且借助大众传播媒介进行信息传播可以最大限度地提高信息的传播效率和传播效果，但是这种方式的花费也是比较高的一种。

3．网络招聘

随着信息技术的发展以及个人计算机的普及，现在大多数的企业都开始在互联网招聘网站上发布自已的招聘信息，将企业的招聘需求与求职者的求职意向联系起来，从而找到合适的人才。互联网招聘的优点是能够保证招聘信息的时效性，并且招聘的方式也更加灵活。

4．猎头企业

对于一些非常重要的职位，一些在人才市场中竞争力较小的企业，可以向猎头企业求助寻找合适的人选。猎头企业接受委托为企业招聘首先要了解企业的基本情况和用人需求，一般猎头都会与企业的高级管理人员及和高级员工进行会谈，在会谈之后，猎头企业会有针对性地为企业寻找具备顶尖业务水平、符合企业需求的人才。企业委托猎头企业进行人才招聘，需要向猎头企业支付一定的服务费。

5．高校招聘

高校招聘也叫校招，就是企业招聘人员直接走向即将毕业的高校学生，通过向学生提供本企业招聘信息，以此吸引即将踏出校门的毕业生来应聘。有些综合实力较强的企业会在大专院校的相关科系设置以自己企业名字或者企业文化核心观念命名的奖学金，以提高自己在学生和学校中的信誉和企业形象，使自己在校招时获得竞争优势，这也是校园招聘的一种竞争策略。

6. 委托职业训练机构

按照性质的不同我们可以把职业训练机构分为公立、私立职业训练机构。公立职业训练机构因为资金充足并且培训老师的素质较高，因此其毕业生被社会认可的程度较高，往往成为企业界炙手可热的人才；相比之下，私立训练机构毕业的学生，因为培训机构师资力量的原因技术程度参差不齐，在参见应聘时优势并不明显，企业也往往会对其专业素质进行更深层次的考察。

7. 委托临时工代理机构

随着现代经济的发展，临时工行业获得了广阔的发展空间，它可以满足企业多方面的用人需求，提供临时性的打字员、员工、会计、工程师、护士和服务人员等。临时工代理机构提供的劳动力能够协助中小企业妥善处理由于季节性人才流动以及由于假期和疾病引起的人员短缺问题。另外，企业还可以通过临时员工在工作岗位上的表现来判定其是否适合企业的工作内容，是否可以正式雇佣这些临时员工。

8. 人才代理机构

人才代理机构也是企业获得人才的一个重要途径。企业向代理机构支付一定的费用，那么在一段时间内，代理机构可以提供人才服务。当然有时候企业可能得到免费服务，这是因为应征者已向代理机构支付费用了。但是我们应该注意的是，如果企业想要招聘到高级人才，大多数都要向代理机构付费以获得他们针对性的服务。

9. 求职者上门应聘

有时候应聘者可能会不通过任何人才代理和服务机构主动来企业竞聘，这些应聘者中大部分都对企业比较向往并且有一定的真才实学，但是也有一部分并不符合企业用人标准的应聘者混杂在其中，面对这些资质较低的应聘者，企业应该进行细致的考察和甄别。在这些应聘者的管理方面，企业应该给予他们充分的尊重，如果一些优秀人才不能马上被聘用，他们的申请应存档以备案。另外，为了保持良好的企业形象和公共关系，不管是否会提供工作，所有的应征者都应被礼貌对待。

（二）外部招聘的优缺点

1．外部获取的优点

与内部获取相比，外部获取的优点主要体现在以下几个方面：

(1) 外来人员不同的工作和教育经历可以为企业带来新思想、新观念，使企业保持活力。这些新的工作理念、新的思想方法、新的文化和价值观，为企业带来思想碰撞的火花，促进企业的创新。

(2) 外部获取可以有效规避人员调整带来的各种不良反应，因为它无须对原有岗位进行调整。

(3) 外部获取可以有效避免过度使用内部不成熟的人才。企业在外部招聘中通过“能岗匹配”原则进行人员的筛选和甄别，充分保障了招聘人员对工作的胜任力。

(4) 外部获取可以大大节省培训费用。企业从外部获取所需人才，必然会选择符合企业所要求的学历和经历的高素质人才，从而可使企业节省培训费用和培训时间。

2．外部获取的缺点

有利必有弊，外部获取也有一些缺点，表现在以下几个方面：

(1) 无论何种方式的外部获取策略都会产生广告费、中介费等相关的服务成本，相比于内部招聘而言外部招聘的成本无疑会高很多。

(2) 外部招聘会加大人员录用的风险。虽然企业为此会制定严格的选拔程序，但是这种风险会不可避免地存在且大于内部招聘的风险。

(3) 外部员工会给企业现有员工带来不安全感。外部获取，特别是非空缺岗位以及中层和基层领导的人员招聘，它会使老员工产生不安全感和悲观情绪，致使其工作热情下降，影响员工队伍的稳定性。

(4) 外部获取的新员工与企业文化的融合需要一定的时间。虽然新鲜的文化和思想可以为企业带来启发，如果这种影响持续时间太长不仅会影响新员工融入企业的步伐，也会影响老员工的正常工作。

(5) 外部获取的新员工需要较长的时间才能熟悉工作融入角色。新员工熟悉工作，了解部门配合，适应企业人际关系都需要一定的时间，这可能会在小范围内影响企业的工作效率。

第三节　企业人员甄选与录用的要点分析

一、人力资源甄选

(一) 甄选依据

一般来讲，甄选战略的实施最终无非要回答三个问题，即应聘者能做什么、应聘者愿意做什么、应聘者是否称职。

1. 应聘者能做什么

在人员甄选的过程中，申请人或者应聘者是否有能力做好这项工作?他们的能力是通过什么表现出来，通过什么途径发挥出来?他们是否具有某些特殊技能、这些技能是否能够成为申请人在供企业获得长远发展的资本？这些都是企业招聘管理人员应该了解和掌握的决策信息，

2. 应聘者愿意做什么

申请人或应聘者是否有兴趣做这份工作？他们申请愿意来公司工作的原因是什么?他们是否打算在公司长期发展？他们的稳定性和忠诚度如何？是否能够一心一意地为公司工作?这些也是招聘人员应该着重考虑的。

3. 应聘者是否称职

申请人或应聘者所具备的能力和专业知识能否适应企业未来的发展?他们的

个性特点是否适合于该工作和工作环境?申请人的价值观是否与企业倡导的价值导向一致？申请人是否能被他的同事或下属接纳?这些都是衡量应聘者是否适合企业及其工作岗位的重要因素。

(二) 员工甄选的程序

1. 明确测评的目的和测评对象

明确测评的目的和测评对象是员工甄选工作的第一步，只有明确测评的目的之后，才能保证之后一系列的具体测评操作过程有章可循，才能使整个人才甄选工作有的放矢，具有针对性。测评对象的确定是指企业的招聘管理人员要明确企业需求的人才类型和技能特点,并针对这些特点做出有助于实现招聘目标的决策。

2. 选择合理的测评方法和测评工具

根据测评的目标选择需要测评的要素，并通过科学的方法对这些要素内容进行科学的分析和比较，需要正确的测评工具和测评方法。此外，在选择测评方法时还应该考虑到测评客体的具体情况，包括岗位职责和企业的特点。

(1) 测评方法和测评工具是要依据测评对象来确定的，通过详细分析测评要素的内容，就可以选择具体的测评工具和方法。每一种测评工具都会对个人的某项素质有针对性的测评功能。

(2) 比较各种测评方法的效度和信度，选择与实际测评对象相关性最大的测评工具。

3. 测评方案设计

测评方案设计是企业员工甄选的重要环节，是企业招聘人员根据已经确定的人才选拔方法并结合实际情况来决定测评技术的先后顺序以及各种方法之间的关联性。测评方案主要包括环境测评和时间测评两个方面。

(1) 环境测评。环境测评不仅指企业招聘计划实施的内外部环境，同时也强调测评工作本身的实施环境。测评环境的最基本要求是能够使测评人员注意力集中，不受外界因素的打扰和影响，以保证其思维的敏捷性，提高测评的准确性和有效性。一般而言，测评人员都会选择宽敞、光线充足、无噪声的测评环境，同时也应该保证测评中的气氛良好。

(2) 时间测评。不同类别的测评工具和方法所设计的理论知识和操作技巧有很大的区别，并且花费的测评时间也不相同。招聘人员在测评时间的选择上应该挑选能够完全发挥受测人员智慧和能力的时间段，保证测评的质量和可信度，另外要注意合理安排不同测评的先后顺序以及时间长短。

4. 选择测评指标体系

人事测评指标体系是衡量和评价与工作有关的个人素质的关键环节，其目的是明确企业人力资源测评的测试内容。企业人力资源测评指标体系是人事测评工作的基础，是被测评人员多个方面素质与能力的综合反映。其内容包括：人事测评指标测评要素、测评标志与测评标度三个方面。

(1) 制定测评要素是确立测评指标的第一步，即根据测评对象的分析结果拟定一些测评要素。

(2) 测评标志是为每一个测评要素确立的关键性描述特征或界定特征，确立的测评标志必须具有易操作、可辨别的特征。

(3) 测评标度就是指描述测评要素或要素标志的程度差异与状态水平的度量。

5. 实施选拔过程

选拔的实施过程是按照选拔方案规定的时间计划与分工计划，及前后顺序完成选拔任务的过程。选拔过程主要包括宣传并训练被测人员、指导测评方法的操作、控制协调测评活动、搜集并记录测评信息四个步骤。

(1) 宣传并训练被测人员。在开展活动之前，实施测评的人员应向被测人员宣传测评的目的，可以促使他们更好地参与到测评活动中来。

(2) 指导测评方法的操作。在实施测评过程中，如果被测人员产生疑难问题，实施人员都应该随时协助他们解决问题，纠正他们的错误。

(3) 控制协调测评活动。测评活动可能会受到当时很多因素的影响，不可能总是一帆风顺，这就需要测评人员能够随时协调与控制各方面的影响，以保证测评活动的顺利进行。

(4) 搜集并记录测评信息。在实施测评信息收集的过程中要遵循务实原则，保证信息的真实性和准确性。一般来说，搜集的信息越多，则测评的效果越科学，参考性越强。

6. 选拔结果统计与报告

对应聘者的选拔结束以后，考官要对招聘结果进行各方面的统计工作，并做出分析报告。由于很多测验可以直接在计算机上完成，或者是在应聘者笔试后由录入人员将应聘者的答案数据录入计算机系统，计算机系统能够根据软件规定的成绩统计方式进行成绩统计并输出结果。企业在人才选拔的实践当中，都会根据自己的招聘目标采取相应的选拔方法，因为不同的选拔方法进行人才筛选的重点是不一样的，因此需要选拔专家根据应聘者针对同一维度的多种选拔方法中的结果，撰写总体测评结果分析报告。

7. 选拔结果跟踪反馈

选拔结果的跟踪反馈主要通过根据聘用结果以及员工后来的工作绩效，来对测评工作进行检验，这是企业员工甄选的最后一个环节。跟踪反馈具有承上启下的作用，一方面它可以检测本阶段的工作成果，另一方面可以通过测评积累经验性资料，发现工作中的优点和不足，为下一轮的招聘甄选工作提供借鉴。通常可以通过分析测评结果分数和后来的工作绩效的相关系数来判断本次测评的效度，同时可以对测评工具进行修改、完善。

二、人力资源录用

（一）录用原则

1. 信任原则

信任原则我们也可以叫作“用人不疑原则”，它的基本要求是管理者对员工要给予充分的信任与尊重。从本质上看，企业试用期人员与正式员工并无差异，他们是否能够在企业的工作中发挥出自己的才能，关键是管理者能否给予他们以充分的信任与权利。

2. 任人唯贤原则

任人唯贤，强调用人要出于“公心”，也就是以企业的利益为重，摒弃小团体主义。能否做到任人唯贤，是衡量管理人员特别是人力资源主管是否称职的重要标准之一。在企业对录用人员的安排使用中，要秉持任人唯贤的原则，避免主观因素造成的用人失误。任人唯贤原则要求管理者掌握基本的人才测试、鉴别、选拔的方法，能及时发现人才并合理安排，使每个员工都能充分施展自己的才能。

3．松弛适度原则

员工在试用期间会有比较大的心理压力，管理者应该充分考虑这一时期员工的特点，必须为其制定合理的工作标准与绩效目标，但是要对其工作质量和工作技能的掌握进行必要的考核。在生活上，企业也应该给予试用的员工适当的关怀，并从法律上保证其应有权利。

4．因事择人原则

因事择人是指以事业的需要、岗位的空缺为基本出发点，根据岗位对任职者进行针对性的培训和考核。这一原则要求企业招聘员工应根据工作的需要来选拔，切实保证企业设置的每个岗位都发挥其应有的作用，提高企业的管理和运营效率。

（二）录用程序

1．背景调查

对应聘者的背景调查通常都是企业员工录用需要进行的第一项工作，此项调查的内容主要包括准备录用人员的信用状况、工作经历、学历水平、从业许可以及是否有犯罪记录，等等。现在，大多数的企业都将员工的背景调查作为招募、选拔员工的一个重要环节，这是因为如果企业不对员工进行全面的了解，难以做到人尽其才。

一般而言，背景调查所需要的大部分信息都是公开记录的，可以提供给任何人，企业并不会去调查员工的隐私信息。完成背景调查的最好方式是请一位专家，因为他可以帮助企业迅速、专业、合法地完成这项工作。

2．体检

体格检查是选拔过程后紧接着的一个步骤。在某些情况下，检查在新员工开始工作后进行。

企业在员工录用中进行体检有三个目的：

(1) 确定求职者是否符合空缺职位的身体要求，发现为求职者安排工作时应当考虑的体格局限因素。

(2) 建立求职者健康记录，以服务于未来保险或员工的赔偿要求。

(3) 通过确定健康状况，可以使缺勤和事故的发生率降低。

3．做出录用决策

在做出录用决策时要进行两个方面的比较：一是候选人的比较，二是在候选人和招募标准之间的比较。当候选人的素质相当时，要做出录用决策应该重点考虑以下几点：

(1) 候选人的核心技能和潜在工作能力要重点考察。

(2) 在候选人工作能力基本相同时，对其工作动机要优先考虑。

(3) 不用超过任职资格条件过高的人。

(4) 当对候选人没有足够信心时，不能将就。

(5) 尽量减少做出录用决策的人，以避免难以协调不同意见。

(6) 如经上述步骤仍然无法确定人选，可着手进行第二次测验。

4．通知应聘者

企业在做出录用决策后，要通过向合格的应聘者发放录用通知来告知这些应聘者，这项工作虽然简单但是并不是每个企业实施起来都能做到十全十美。许多企业由于没有及时通知应聘者而造成优秀人才的流失，也有企业的录用通知书措辞含糊，或者让应聘者感觉不到企业的诚意和办事效率，从而使企业在最后关头失去了对应聘者的吸引力。还有一些人力资源工作者仅仅重视给合格的应聘者发录用通知，而忽视了及时向未被录用的求职者辞谢，这样就会有损企业在应聘者心目中的形象。

5．签订试用合同或聘用合同

当企业拟录用的应聘者同意接受职位后，企业就要考虑与其签订试用合同或聘用合同了。

聘用合同的内容一般包括：

(1) 被聘任者的职责、权限、任务。

(2) 被聘任者的经济收入、保险、福利待遇等。

(3) 试用期，聘用期限。

(4) 聘用合同变更的条件及违反合同时双方应承担的责任。

(5) 双方认为需要规定的其他事项。

(6) 做出遵守规章和保护公司秘密、知识产权的承诺并签订连带责任保证书。

第五章　企业人力资源开发的思路与方向

进入 2019 年，2000 年出生的人已经 18 岁正式加入成年人的行列，正大批走进高校、进入职场。

2001 年 12 月 11 日，中国加入 WTO，开放带来的经济利益惠及千万个家庭，这些家庭开始有能力为孩子的教育提供更多的经济支持，大规模留学成为一时潮流。正因为 90 后、00 后成长在一个“开眼看世界”更方便的时代，他们才能建立起更加开放自信的世界观。90 后、00 后最大的特点是开放、自我、独立和国际化。这群具有不一样世界观和不一样需求的 90 后、00 后正逐渐转变为劳动主力，成为新生代员工。90 后、00 后作为互联网的土著民，互联网思维早已渗入其血液之中，他们拥有的强烈的个人意识，更追求个人体验。在面对未来的选择中，“选择一份自己喜欢的工作”得到了多数人的认同。他们接触的世界，无论从广度、深度、新颖度都能远远超过我们，作为管理者的我们需要以全新的角度和态度来看待新生代的劳动力，这也是中国企业面临的最大的人力资源管理问题之一。

有效吸引新生代人才，促使员工不断努力、不断发展的驱动因素有很多，比如企业的文化背景、领导的效能、工作回报以及培养发展等等。

全球企业主或高管们普遍的共识是：“先人后事”，人的问题不解决，其他都是空谈。赋能型的企业更强调文化的作用，强调员工职场的体验感。有些企业把办公室设计得跟家一样温馨，食堂做得比五星级酒店都要好等，未来还会得到进一步升级。提升员工体验的背后，企业的最终目的就是希望让员工能更加乐业、敬业，更好地为企业发展创造价值。企业人力资源管理让员工尽可能按照自己喜欢的方式去工作、去发挥自己的价值，是一种必然趋势。

第一节　企业人力资源开发的解读

一、人力资源开发与培训

（一）开发培训的含义

企业的人力资源培训和开发的实质是员工的培训。从含义上来说，培训是给新员工或现有员工传授其完成本职工作所必需的基本技能的过程。人力资源培训开发是指以企业的人力资源管理为基础，通过传授知识、转变观念或提高技能来改善当前或未来管理工作绩效的一种企业人力资源管理活动。

一般来说，人力资源的培训与开发是一个企业所采取的促进内部成员学习的正式步骤，并且可以有效地帮助企业实现自己既定的经营和管理目标。严格意义上说，企业人力资源培训与开发是系统化的行为改变过程，其基本途径是工作过程的改变，其最终目的就是提高个人工作能力、知识水平、促进员工工作潜能的发挥。

工作行为的有效提高是培训与开发的关键所在。总的来说，实施培训与开发的主要目的：

(1) 提高员工的工作绩效水平和工作能力；

(2) 增强企业或个人的应变和适应能力；

(3) 提高和增强员工对企业的认同和归属。

培训与开发是两个既相联系又相区别的概念：培训是指为员工提供指导来学会能够在工作中立即使用的过程，着眼点比较狭窄，着重那些能尽快给企业带来效益的技能；开发的视野比较宽阔，它使员工学习那些今天或者将来的某些时候能用到的知识，而是更多强调满足企业总体和长期的发展需要。表 5-1 说明了培训与开发之间的不同。

虽然培训与开发并不是同一个概念，但是二者差别细微并且具有相同的最终目的，即通过提升员工的能力实现员工与企业的同步成长。因此，在人力资源管理实践中，我们往往对培训和开发不做严格的区分，经常做统一处理。

表 5-1 培训与开发的比较

项目	培训	开发
关注的重点	现在	未来
工作实践的运用程度	低	高
目标	为当前工作做好准备	为未来变化做好准备
参与	必需的	自愿的

(二) 开发培训主要类型

企业人力资源培训与开发根据不同的划分标准可以分为不同的种类，在此仅介绍根据培训时间与工作关系划分的一种。

1. 不在岗培训

不在岗培训是指员工不在岗位上而进行的专职培训，有岗前培训和脱岗培训。这里我们应该明确一个概念，即不再岗培训并不是脱岗培训。

(1) 岗前培训。岗前培训是指企业对招聘录用的新员工在进入具体岗位之前所进行的培训。培训内容包括两部分：一是让员工迅速地了解和认识企业，使其对企业价值观和客观环境有个一个正确的认识，掌握基本岗位的要求；二是培训员工所要从事的技能。

(2) 脱岗培训。脱岗培训是指因为原有岗位技能方面的深化，员工脱离具体岗位而进行的集中的有针对性的培训。一般而言，中小企业采用脱岗培训的机会较少。

2. 在岗培训

在岗培训是指员工受训的过程与本职岗位工作同时进行。又分为交叉——交流培训和岗位培训。

(1) 交叉交流培训。交叉交流培训的基本目的是开阔员工的视野，为其提供获取更多知识储备的一个过程，并且可以帮助员工变为熟悉企业中的多种工作的全面型人才。在岗培训的基本目的是培养工作多面手，从某种意义上来说，企业各层次的管理人员也是其实施的基本目的。这种培训要及时进行效果评估，确定员工对新岗位的胜任情况，以免造成不必要的损失。

(2) 岗位培训。岗位培训是使员工对职位需要的技能进行进一步的提高，使其提高自己工作效率并适应企业新的生产经营节奏。在岗培训往往都是伴随新工艺、新技术的产生而产生的，比如计算机产生后，财会人员对会计电算化的学习。

二、培训开发的基本内容

一般来说，各种类型的企业所进行人力资源开发和培训、设计和规划的基本内容具有极高的相似性。

(一) 规范培训

在大多数的情况下，企业进行的规范培训包括企业规范条款培训以及法律培训两个方面。

1．企业规范条款培训

企业规范方面的培训包括企业的规章、制度，企业的目标、历史，企业的文化等方面的内容。企业规范不仅是企业进行日常管理和经营的基础，同时也是培养企业员工的认同感，促进企业文化传播的重要途径，使之能自觉遵守企业的要求，将自己融入企业中去。

2．法律培训

法律是一切社会活动基本准则，企业对员工进行法律方面培训具有很高的必要性。其原因主要有两个：

(1) 企业要依法运营。不遵守法律的企业，可能会得到一时的便宜或者好处，但是长期如此，企业经营一定会逐渐走向衰落，进行法律培训可以保证企业的各项经营管理活动都在法律范围内进行。

(2) 中小企业要对员工进行一些经济法规的培训，如《经济法》《票据法》等。这种法律培训可以规范企业的责任和义务，也可以赢得员工对企业的认可。

(二) 岗位技能培训

业务技能培训是指对员工业务方面所需要的新技术、新工艺和新理论等方面的培训。中小企业业务技能培训是重中之重。业务技能培训一般包括:

(1) 业务知识学习;

(2) 先进理论的应用培训;

(3) 操作技能培训;

(4) 预期开展业务的提前培训;

(5) 管理技术培训。

(三) 思维意识培训

思维意识的培训主要是培训员工的观念意识，使之更好地为企业发展服务，一般有以下几方面。

(1) 精品意识;

(2) 创新意识;

(3) 公关意识;

(4) 终身学习意识;

(5) 健康意识，包括身体健康和心理健康。

三、人力资源培训开发的基本保障

人力资源培训的基本保障主要包括以下六个方面的内容。

(一) 高层管理者的支持

高层管理者的支持对企业人力资源培训开发之所以重要主要有两个方面的原因。

(1) 只有高层管理者确信培训规划的有效性并且予以批准以后，员工的培训与开发工作才能进行;

(2) 培训规划的实施程度依赖于高层管理者对培训的支持度。

(二) 人力资源培训机构的设置

人力资源培训机构是企业培训开发得以完成的基本前提。企业进行人力资源培训开发的规模、活动场所、时间以及师资配备等都与培训机构的设置和选择有重要的关系。

(三) 高质量的培训师资

培训师是指在人力资源培训与开发过程中具体承担培训与开发任务，并且向受训者传授知识和技能的人员。培训师是企业人力资源培训计划中极为重要的一个环节，因为他们是企业思想和培训内容的直接传递着，他们能力的高低与素质的好坏直接影响到培训的效果。一个合格的培训师资可以保证受训员工通过企业制定的人力资源培训计划，提高对工作技能的认识、增加自己的职业技能知识储备，并有效地将培训过程中所获得的知识、技能应用于具体的工作之中，实现培训内容的高效率转化。

(四) 充足的培训经费

培训经费是人力资源培训与开发的重要保障。缺乏足够的经费，人力资源培训与开发工作就难以得到真正的落实，就会出现半途而废、因陋就简、顾此失彼等现象。因此企业在对员工进行培训与开发工作之前，必须落实培训经费并使这些经费得到合理有效的使用。

(五) 齐备的培训设备设施

培训设施也是提高培训质量与效果的重要保障，一般来说基本的培训设备包括黑板、幻灯、投影仪、电视、网络传递系统、案例分析场所、教学实验基地等使培训得以顺利进行的基本物质条件。设备能够使培训的指导和讲解更加直观、更生动，使得接受培训的员工更容易集中注意力，从而保证整个培训能够达到良好的预期效果。

(六) 完整的培训工作记录

人力资源培训与开发的过程不仅仅对企业具有十分重要的作用，从另一方面说它也是企业员工进行知识总结和技能提高的重要途径。企业作为培训的企业者，每一期的培训都会积累一定的经验，这些经验不仅仅使下一次的培训在程序上更科学，还可以使培训的内容有一个针对性的提高。企业通过培训获得的这些好处，都要归功于认真、完整、准确地做好每一期的培训记录。

第二节　企业人力资源开发的基本思路

一、沟通能力培养开发

沟通无论是在我们的生活中还是我们的工作中都起着十分重要的作用，员工沟通能力的强弱影响到工作能否顺利进行。员工在工作中遇到的各种问题都需要通过和其他员工或者部门的沟通来解决，因此企业在员工能力培养方面一定要注重提高员工的沟通能力。提高员工的沟通能力可以从两个方面入手。

（一）明确沟通障碍

很多情况下，员工沟通存在问题并不是其沟通能力不够而是存在于在沟通中的障碍。比如说，发音、字义含糊等情况都会使沟通效果大打折扣。要想提高员工的沟通能力我们必须要对沟通的障碍有足够的了解。

1．语言问题

语言问题主要包括语种、发音、字义含糊以及一些不经常使用的专业术语。这些问题给我们的沟通带来了极大的不便，大大的加深了我们沟通的障碍。

2．信息问题

信息问题主要包括信息传递本身的问题、传达工具问题以及信息传递的渠道和层次问题。如果信息在传递的过程中使用的传达工具不合适，那么信息传递的准确性和及时性都难以得到保证；如果信息在传递过程中经历的层次过多，那么信息传递的速度和内容都很难得到保证。

3．行为心理问题

行为心理问题主要是指个体的差异性，每个人对待沟通的态度和使用的沟通方式都有很大的区别。比如说，有的人害怕和领导接触，有的人喜欢接近陌生人，有些人只喜欢和熟人打交道，这些都是我们经常遇到的沟通障碍。

(二) 实现有效沟通

在了解了沟通障碍之后，企业就可以通过人力资源开发与培训有针对性地将这些沟通障碍进行排除，并制定相关的培训内容用来提高企业员工的人际关系沟通能力。

1．语言方面

在沟通过程中尽量少用专业术语，多用具体生动的语言进行工作交流；尽量使用普通话，避免使用口音较重的方言；交流时尽量注意自己的言行，保证自己的措辞得当、行为有礼。

2．信息传递

为了保证信息传递的顺利进行，保证信息传播的效果企业应该从以下几个方面寻求切入点。

(1) 信息传播的效果需要一个良好的环境和氛围作为保障，因此我们在沟通的时候要尽量选择较为宁静的环境气氛，以免受到外界的打扰；

(2) 沟通中我们要选择合适的沟通渠道和信息传递工具，保证信息传递的效率；尽可能地减少信息传递的层次，保证信息传递的准确性；

(3) 尽量提供准确及时的信息反馈，保证沟通的互动性。

3．行为和心理方面

在沟通过程中，员工个人的沟通习惯和心理如果不及时的加以教育和引导容易发展成为一种风格难以改变的行为方式，对此我们要态度明确、立场坚定，采取积极的手段和措施。

总之，员工的沟通能力对员工的工作有重要的影响，企业在员工培训的过程之中要把提高员工的沟通能力作为一项重要内容，这也是保证工作顺利的关键。

二、操作技能开发

（一）技能规范化培训

这里所说的规范不仅仅是强调培训工作本身的规范性，更强调的是员工工作中的规范化的操作以及工作纪律的规范性。实践证明，如果企业能够让工作按照一定的逻辑顺序来进行，在保障工作纪律的基础上，企业的劳动生产率将会得到显著的提高。因此，我们在对企业进行人力资源开发和培训时应该强调和注重其规范性。进行规范化的企业人力技能培训和开发主要有以下几种常见的方法。

1．注重和改善工作环境

注重工作环境的保持有很多体现，比如在日常工作中，员工应该保证自己工位的整洁规范，办公桌上应该只放置手中正待处理的文件及有关资料，自己的私人物品最好不要放在上面。另外，办公室的抽屉要分门别类合理使用，以保证各种资料以及日常工作用品的取用方便。

2．编制工作一览表

编制工作一览表是一种提高工作效率的有效途径，其具体操作是员工写下自己每天将要完成的工作，并在每项工作后面标注上自己认为最合理的做法，将这些内容逐项排列出来，制作成工作一览表。这个过程中员工可以按照工作的重要程度、顺序以及相关的前后联系，把重要的工作放置在工作日程表中最先办理的地位，保证工作效率和条理性。

3．编制工作进度表

工作进度表是员工根据企业工作计划和工作进度，对自己的工作进行合理安排的表格，通过编制工作表，员工可以实现有效的自我监督。在编制工作进度表的过程中，员工需要明确年度、季度、月度以及每日的工作并制定适合自己的工作进度，来保证整体工作任务进度。

当然，提高工作条理化和规范化的方法还有很多，限于篇幅我们在这里就不一一进行介绍，但是我们上面所描述的是几种最基本的方法，具有一定的通用性，企业可以根据自身的情况进行具体选择。

（二）目标管理培训

目标管理是针对工作目的的管理，企业进行目标管理可以有效地提高企业的经济效益，加强企业对内外环境变化的适应能力。企业在给员工进行目标管理培训时，要把企业和成员确实结合起来，把握好目标管理的基本原则，保证目标管理的基本效果。企业目标管理的目的是实现个人目标与工作目标相结合以及目标相结合，从根本上增强员工的执行力和行动力。一般来说，企业进行目标管理的过程中，其目标的选择和确定的根据并不是决策者的个人意愿能够决定的，下面几个条件才是决定目标管理决策的基础。

(1) 明确。明确的企业目标可以帮助企业改善必须改变的工作环节，同时维护值得肯定的工作做法

(2) 合理。合理是针对目标的可实现性而言的，一般来说，企业制定的目标应该具有一定的挑战性，不能太难也不能太简单，这样可以开发企业的潜力。

(3) 可衡量性。可衡量性是针对目标数量、质量和期限而言的，企业的目标不应该是一个迷糊的概念，必须要拥有实现目标的数字标准，具有明确的可衡量性。

(4) 单独的责任。责任是一种压力也是一种动力，企业目标只有规定明确的负责人，才能够保证其顺利地完成。

三、职业兴趣开发

（一）培训内容是基础

对受训者而言，企业人力资源培训和开发的内容与其职业热情和工作兴趣有极为密切的关系，合理设定培训内容可以让受训者树立动机，产生兴趣，增加他们的努力程度。对于培训者而言，培训内容的意义就在于，可以帮助其确定学习热情和学习内容，选择学习方式，确定教学重点。

企业如果想要通过人力资源培训和开发增强员工的职业兴趣和工作热情，应

该围绕以下三个目标企业培训内容。

1．提高员工在企业中的角色意识

员工与企业的融合度和匹配度，是保证其能够最大限度履行自己职能的基础，在这一点上，新员工表现得最为明显。因此，企业如何通过合理的培训使新员工尽快熟悉企业的各个方面，消除陌生感，以积极的态度和高昂的斗志开始自己的新工作，如何在企业与员工之间建立默契和承诺，是大多数企业都需要深入研究和思考的问题。

2．获得知识，提高技能

通过培训提高员工在工作中必须掌握的知识、技能水平，引导其激发自己的潜能，帮助员工为今后的发展开辟更广阔的空间。一般来说，企业要达到这些目的应该注重在培训中设计以下内容。

(1) 基本知识。基本知识是员工个人基本能力的体现，也是员工做好本职工作的基础，比如语言、数学等。对某些工作而言，这些基础知识又是其专业技能十分需要的，比如从事会计工作，必须掌握一定的数学知识。

(2) 人际关系技能。工作中员工需要处理各种人际关系(员工之间、员工与领导之间、领导与下级之间等)，如何调整人际关系让其始终处于一个稳定的工作状态。这些技能需要企业通过培训传授给员工，比如沟通技巧、协作方法、合作能力等。

(3) 专项知识和技能。专项知识技能是做好企业中某一具体工作所必需的，如车床工必须掌握机床操作技能、销售员必须掌握销售技巧等。企业通过对员工进行专项技能可以有效地提高企业的工作效率。

(4) 高层次整合的技能。这类技能主要针对企业中的中、高级管理人员而言，要求能适应复杂变化的情景，如领导、经营决策、企业设计等。

3．态度动机的转变

态度是指受训者所表现出来的个人行为选择。如机会出现，学习者做出沟通的选择或者做出不沟通的选择。通过培训提高员工对企业的认知，改变态度，形成良性动机，进而改善绩效。

(二) 职业兴趣培养

1. 兴趣培训课程

培训课程设计指课程的实质性结构、课程基本要素的性质以及这些要素的企业形式或安排。这些基本要素一般包括目标、内容、学习活动及评价程序。课程设计并没有固定的格式和内容，企业的生产经营状况、培训实施的条件和环境都是课程设计的重要影响因素，但企业的课程设计大部分都是按照以下三个步骤完成的。

(1) 在确定的课程目标基础上，设定课程安排的雏形，包括安排不同学习目标的顺序、确定课程的结构、安排教学事件、确定教学模式、准备培训教材等。这是课程设计的第一步，是课程设计的基础环节。

(2) 收集各部门对课程安排的看法，吸收他们的意见，不同业务部门所处位置是不同的，它们对同一问题的看法也是不一样的，因此在课程设计上要全面地收集大家的意见，尽量使课程设计科学合理。

(3) 在各个部门意见的基础上，对各培训课程安排的方案进行论证，做出最后的决策。

课程设计的方法很多，其适用的范围和情况也大不相同。有几种方法带有很大的普遍性，在实际中应用非常广泛，它们的主要内容如表 5-2 所示。

表 5-2　课程设计的方法

方法	详细内容
专家意见法	对培训内容、岗位、方法、课程等非常熟悉的专家，根据企业自身的实际情况提出他们的课程安排模型
适应性模型法	以现有工作岗位上的达到岗位要求所具有的知识、技能的人作为标准，按照他们的知识结构、知识水平对培训课程进行设计
深度递进法	在培训过程中，按照培训目标对培训课程的要求，选择由浅到深的不同课程，分类进行培训，从而达到教学目标

2. 兴趣培养需要注意的问题

(1) 培训方法的科学性。在培训中，可视需要及许可选择一系列培训方法，如讲授法、开会研讨法、案例研究法、行为示范法、工作轮换法、角色扮演法等，可采取其中一种或者两种方法作为实施的重点，并进行多种方法的变换组合，以保证培训能够始终处于一个高效运行的状态。培训方法的设计也要注意受训者的知识层次和岗位类型，如案例研究对管理者和科技人员比较适合，但对操作人员来说，现场培训的授课方法的效果可能会更好。

(2) 培训时机的合理性。合理选择培训时机也是关系培训能否取得既定目标的一个重要因素。在安排培训的时机时，企业需要考虑在何时开始、何时结束、是在旺季还是在淡季，是在白天还是在晚上，在工作日还是在周末等问题。

(3) 培训企业的周密性。通常情况下，企业培训的工作人员需要考虑：企业的培训活动是由人力资源管理部门发起还是由领导者亲自动员；参加者只有员工还是他们的上级也要参与；培训的考核结果是否作为工作绩效的考核的标准等具体问题。在培训工作的企业中，只有将工作进行周密的计划和部署，才能保证培训工作的顺利开展。

第三节 人力资源开发的新趋势

一、为企业人力资源的发展提供良好的环境

当前，我国社会经济发展的实际环境在很大程度上制约了企业人力资源的开发，例如企业在向市场经济转轨时期，各项改革没有达到规定的要求；各种企业相混杂，政企不分，严重影响了企业领导层人员任免的公平性和透明度；社会保障体系存在缺陷，严重影响了企业社会职能的剥离和内部员工的合理流动；企业的管理落后，缺少一支高素质的企业经营管理队伍；对企业经营管理者的行为约束机制不健全；对企业的内部员工，包括管理层的培训不到位等。这些问题都普遍存在当前我国的经济市场中，如果这些问题不能被很好地解决，也就不能保证企业会有一个良好的发展前途，企业的人力资源开发也就不会有一个令人满意的结果。

为了充分适应市场经济发展变化的实际状况和满足企业实现可持续发展的人力资源需求，因此，就必须要为企业的人力资源发展提供一个良好的环境。主题措施主要包括以下几个方面。

(一) 转变传统观念

在企业中要树立所有的管理者都要对人力资源的开发和管理负责的观念，并不能只将其看作是人力资源开发与管理专职人员的责任，只有在企业中所有的管理人员都重视的情况下，人力资源开发与管理部门的战略地位才能得到提高，也才能更好地为企业的所有部门或是管理人员提供人事服务。

(二) 科学制定人力资源开发计划

及时对人力资源开发的成本与收益之间进行衡量，制定出最佳的人力资源开发计划，确保以最少的资金投入获得最大的产出。在具体的实践中可以采用人才数据信息库的形式，对所有企业员工的详细信息，包括员工的在岗培训、员工每日/周/月的业绩情况、出勤情况等信息，进行收集整理，然后认真进行分析，及时的找出最具有发展潜力的员工，并将其编入企业基层领导岗位的后备力量，然后还要定期对其进行重点的跟踪、指导、培养和提拔。

(三) 建立健全人才激励制度

重视员工的福利待遇激励制度建设，适当地对员工进行一定形式的奖励，有助于激发员工的工作积极性。要知道成功的奖励制度是员工全面参与管理与设计的产物，不仅有利于吸引和留住人才，增强员工的企业归属感，还能够间接降低员工的离职率，从而为企业减少人力资源管理成本。企业管理者还应该善于运用80/20 原则，意思是，要确保能够留住企业中 20%的技术及管理骨干，只有他们稳定才能确保整个企业的稳定运营，企业才能够获得更多的收益。在对企业员工薪资的制定中，要与大部分的企业单位相适应，由人才价值和市场供求关系来最终决定员工的薪资。在薪资的分配形式上，要采用多元化的分配方式，将按劳分配与按生产要素分配结合起来，使他们的知识与技术能参与分配，从而形成新的利益机制。

（四）加强部门协作

对于企业的高层管理者来说，应冲破传统的人事管理思想和活动范围的束缚，充分重视企业内人力资源的开发状况。要与企业的其他部门协调一致，鼓励人力资源开发部门共同参与到企业的战略决策中来，确保企业人力资源部门的地位不受传统人事管理部门的活动范围的束缚。

（五）提升人力资源管理水平

对于专门负责企业人力资源开发的直线经理来说，要对企业的人力资源开发和管理能力有严格的任职要求，必须要经过正规的人力资源专业的教育培训，同时还要对其能力进行测试，保证其能力的过关。其中，最好的选择方式是聘请有经验的人力资源管理专家或顾问来进行规范的指导。

（六）完善人才培养机制

要建立健全企业内部人员的人才开发机制，加强企业的文化建设。企业的管理层人员要深入企业员工的内部，通过召开座谈会或是其他意见交流的形式来加强领导与员工之间的沟通，从而减少企业间的内部摩擦，及时了解员工的各项需求，并有针对性的给予其情感上的关心或是心理上的安抚，这对振奋员工的精神，增强团队的合作及团结创业的意识是十分有利的。在具体的实践操作中，可以采用企业领导每周轮流举行座谈会(最好是面对面的现场交流，不要采用设立意见箱、车间小组组长汇报的形式，防止让员工心理上产生领导轻率行事，搞形式主义，搞人情投资的顾虑）的方式来进行。企业进行管理的基础就是企业文化。从人力资源开发的角度来看，企业文化是以价值观念为核心，激发员工责任心和创造性，培育企业团队精神，提高企业整体效率的一项基础性管理工作。

在当代经济社会的发展中，越来越多的企业经营管理成功或失败的经验告诉我们，在企业间的商业竞争越来越激烈的实际情况下，人力资源的开发与管理地位是相当重要的，如何吸引优秀人才、合理安排人力资源、降低人员成本、提高企业竞争力，已经成为企业管理者应该首要考虑的问题。只有企业注重关注自身企业内部的人力资源开发与管理工作，加快企业的发展和与世界经济接轨的进程，才能够打造出更多的名牌企业，获得更多的收益。

二、注重人力资源开发的创新

随着市场经济的不断发展，企业之间的竞争也越来越激烈，企业对于人力资源方面也提出了很多更高、更新的要求。当前企业高层次、高学历人才需求的比率逐步上升；育人、用人、引智机制逐步完善，人才结构与企业产业结构调整相适应；人才集聚力强，形成有利于广纳人才、人尽其才的良好企业环境；全面推进素质教育，逐步建立、健全一套既与国际接轨又适合本企业发展需要的人才培养和开发机制，使企业人才供给在数量、质量、结构和布局上适应参与国际竞争的需要。

除了上述中企业对人力资源普遍的要求外，还要求在人力资源的开发方面有一定的创新，主要包括五个方面的内容。

（一）制度创新

在人力资源开发的制度创新上，要加快人才配置市场化的步伐，推动企业人力和人力资源的整体性开发。要具体依托中国现代企业人才市场及设在各地方的劳动力和人才市场，在企业的人才管理和使用过程中引入公开、平等、竞争、择优的市场机制。除此之外，还要加强企业人才信息库的建设，从而深化劳动人事的制度改革。要将人力资源的开发作为企业运营的一个重心，推动人事教育工作管理制度的创新。

（二）理念创新

想要完善人力资源的开发，就必须要从思想观念上突破对原有人才使用的束缚，大胆起用人才。

(1) 树立“双赢”的理念，坚持“企业与员工共同发展的双赢”。不仅要对现有人才实行科学有效、具有针对性的教育培训，并且还要通过教育培训的方式帮助员工对职业生涯进行规划。

(2) 树立“以人为本”的理念，围绕激发人的积极性、主动性和创造性来具体实行企业的管理活动，充分发挥人的能力，特别是人的创新能力。

(3) 树立引进和培养结合的理念，对当前企业的人才和外来人才在人才政策、人才待遇上要坚持一视同仁，努力留住和用好现有人才，盘活现有人才存量，充分发挥其存在的价值。

(三) 激励机制创新

1. 强化竞争机制

要强化和完善竞争机制，制定出有利于优秀人才脱颖而出的机制。要彻底打破身份的限制，在企业中要分别实行劳动合同制和聘用合同制，要达到按需设岗、人尽其才的效果。

2. 改革分配制度

对企业中现存的收入分配制度进行改革，要重实践、重贡献，向优秀人才和关键岗位倾斜，实行形式多样、自主灵活的分配制度，努力实现“一流人才、一流业绩、一流报酬”的发展前景，建立为拔尖人才、紧缺人才脱颖而出的高质高薪、高风险回报机制。

3. 完善人才发展机制

要制定积极有效的措施，营造有利于企业经理人队伍成长的机制。允许企业经理人有较高的薪酬，可实行年薪制、配股制、期权制为中心的激励机制。

(四) 培养机制创新

企业要充分运用市场化、国际化的手段，对企业的培训机制进行创新。要切实围绕在入世后现代企业产业结构调整的实际情况，研究制定出切合企业发展的人才培养计划，加大对紧缺急需的应用型、复合型、创新型人才的培训力度。企业可以采用“短平快”的人才培养方式，委托有关院校根据用人需求举办短期的紧缺专业人才研修班。还可以采用考核选拔、派遣出国、学习深造、学成返回的培养模式，在国外建立人才培养基地，分批选派企业中优秀的人才进行学习和培训深造，并定期开展学术交流和科技合作。同时，还要引进国外人才培训的先进理念、技术和现代管理，加强国际合作培训计划。

（五）管理机制创新

1．要实施人力资源战略管理

企业中的高层管理者应从战略的高度重视人力资源的人开发、培养和使用，将人力资源作为企业发展的核心资源，也可以将其视为一项投资，借以激发员工的潜能，从而发挥团队的协作力量，增强企业的整体实力。需要注意的是，要将人力资源管理的重点放在可持续竞争的优势上。

2．企业要建立竞争择优、科学合理的用人和晋升制度

彻底打破原来企业中存在的“铁饭碗”现象，对所有的企业内的员工都实行劳动合同制，将传统的行政依附式转变为契约式的法律关系。

3．坚持科学的人力资源管理原则

要坚持“公平竞争、择优录取、能上能下，能进能出，自然纳新”的动态人力资源管理原则，始终树立“以员工为中心”的管理思想，要为员工创造出一个能够安心工作的环境，还要充分发挥员工的创造性和主动性，做到“一线工作推动全线工作”。

4．创造良好的学习环境

要建立学习型企业，形成一种浓厚的学习氛围，使企业的所有部门之间、人员之间都要建立在相互学习、相互促进的基础之上。

5．改善并健全管理模式

企业要逐步建立健全的科学化、规范化、标准化的管理模式，积极引进国际企业人力资源开发与管理的经验，对自身企业的人力资源开发和实践进行全面并深入的分析和总结，努力在人力资源开发的工作中导入管理科学，遵循管理的原则。

实际上，企业人力资源的开发与传统的人事管理之间存在一定的差异性。在管理模式上，人力资源开发将员工看作有重要价值的资源，而传统的人事管理则

是将员工视为企业发展所花费的成本；在管理模式上，前者是以人为本，尊重人的不同个性和差异，而后者主要是以事为中心，关注的是企业的最终利益；在管理深度上，二者也有很大的不同，前者积极主动，注重开发创新，而后者则比较被动，注重管好即可；在管理视野上，前者具有很大的战略性，讲究一定的策略性，而后者则主要集中在战术性和业务性上；在管理内容上，前者比较丰富，具有前瞻性，而后者则比较简单，比较容易把握；在管理功能上，前者呈现系统整合的特点，后者则比较单一分散。

从企业管理的核心来说，人本原则坚持的是将被管理者看作主体，讲究诚信立业，注重实现人的价值，对企业的文化进行全面的建设。从管理的环境来说，人本原则坚持理解人、尊重人、信任人、关怀人的原则。从管理的目标来说，人本原则坚持优、快、多、省。从管理的方法来看，人本原则坚持自觉、自主、自控、自治和自律的原则，坚持需求定位与能力意愿定位相结合的原则。从管理的手段来说，人本原则坚持科学化、制度化、严格化、标准化以及经常化的原则。从这里我们可以看出，“以人为本”是人力资源开发创新的基本点，也是人力资源开发创新的基础平台。

三、人力资源的跨文化管理

随着经济全球化影响的日益扩大，跨国公司的数量也日益增多。在人力资源发展之中，跨文化人力资源管理已经成为人力资源管理的一个重点内容。

（一）人力资源本地化管理

1．人力资源本地化的含义

人力资源本地化(localization) 是企业海外经营的重要人事策略。伴随着跨国公司的发展历史，人力资源本地化形成了两种模式：传统模式和现代模式，同时出现了相应的人员本地化的传统概念和现代概念。

人力资源本地化的传统概念，是指跨国公司的外派人员获得东道国本地国籍或长期居留许可证，逐渐成为本地人，并以本地人身份被海外公司雇用的“本地化”过程。传统本地化模式主要有三种方式：一是外派人员的薪酬和本地劳动力市场密切联系，二是外派员工超长时间地居住在东道国，三是外派人员对当地文化的深度融合。

人力资源本地化的现代概念则是指跨国公司大量起用东道国本地人员，并逐渐由优秀的本地人员取代外派人员来经营管理海外公司的“本地化”过程。这种“本地化”战略强调对本地人员的重用，跨国公司从提高东道国人员质量角度、控制成本角度和加强社会关系角度出发，制定一系列的人事政策，积极招聘、起用和管理本地优秀的人员。

2．人力资源本地化的优点

(1) 企业经营本地化战略的基础。人力资源本地化是跨国公司本地化经营战略的重要组成部分，是在异国投资的跨国公司取得成功的重要保证。第一，通过对跨国公司价值链各个环节在不同区域进行培植，可以扩大跨国公司的竞争优势。第二，人才本地化不仅有利于跨国公司内部的协调运作，更重要的是人才本地化有利于在公司业务方面更准确地做出符合本地市场的经营决策，有利于实现该公司的本地化经营战略发展。第三，在母国和东道国市场同时经营，可以降低政治风险和经济风险。因此，本地化不但成为企业扩大市场的经营战略，也是人力资源管理的重要战略，为跨国公司的国际发展奠定基础。

(2) 改善和东道国的关系。本地化实际上是跨国投资的进一步深化。通过本地化，不但使跨国公司的投资进一步增长，补充东道国发展经济所需要的资金，带来了先进的技术、知识和管理，而且也创造了更多的就业机会，从而为改善与当地政府和社会民众的关系创造了条件。

(3) 降低管理成本。人力资源本地化也是企业节约经营管理成本的内在要求的反映。跨国公司海外价值链活动和当地优势资源的密切联系，跨国公司价值链环节在全球不同区域的培植，都促进了经营成本的降低和效益、效率的提高，直接影响了跨国公司的竞争优势。

许多跨国公司充分利用东道国劳动力市场低工资的优势，以远低于母国工资的条件招聘本地员工，大大降低了企业经营管理成本，这已经成为跨国公司最重要的投资动机。

(4) 利用本地员工的地域优势。世界范围内关键人才的紧缺，是迫使跨国公司必须考虑起用当地人才的重要因素之一。外派人员是企业跨国经营的一个支柱，但它却无法为真正的全球机遇提供帮助。跨国公司需要的人才既要有专业知识、技能、经验，更要精通东道国本地的政治、经济、法律等事务。跨国公司只有拥有了对本国本地深入了解的人才，为它们服务、出谋划策，才可以保证公司在东道国本地的平稳运作，保证公司的运营符合本地环境，在本地站稳脚跟。

留住本地人才的基本措施，这一系列措施使得员工具有公平感、安全感、成就感。跨国公司制定的福利项目主要包括带薪休假、住房补贴、进修自主、医疗失业及退休保障计划等。

3．人力资源本地化管理策略

(1) 树立正确的本地化理念。树立正确的本地化理念是海外公司实施本地化的基础。在企业管理中，人力资源管理者要正确看待本地化这一策略，采用适当的管理方法。首先，本地化是平等化，本地化并不意味着被本地人所替代。跨国公司对待自己外派人员和对待当地人员没有差异，鼓励所有员工发展而不论他们的国籍。成功的跨国公司的领导者是本地化和全球化的合金，他们实施的是平等化的管理。

(2) 加强沟通和理解。本地化以公司价值观为基础，重视母公司人员和东道国人员之间的沟通管理。通过本地化帮助员工看到现实中双方的差异和对方的积极一面，尽量减少和包容双方观点的差异。在有分歧的时候，澄清事实，消除不必要的顾虑，不要随意贴民族国家的标签，讲求沟通风格。在管理过程中要把选拔晋升等职业生涯发展计划予以公布，透明化处理，通过人力资源开发，使公司经营管理者队伍的建设持续发展，保证各个部门的管理者是负责可靠和有能力的。通过积极建设跨文化团队，倡导团结和谐的公司文明。例如某跨国公司在世界各地拥有 1 300 家子公司，自称是一家“多国籍”的公司，它鼓励其子公司淡化其母公司的民族背景，完全按东道国本地公司的方式运作，加强沟通理解，因此被称为是实施本地化战略的典范。

(3) 合理的福利待遇。本地化战略中特别重要的问题是如何处理福利待遇的差异性。奉行一个标准政策，福利待遇平等是本地化战略实施的重要发展趋势。合理的福利待遇政策可以防止公司利用一些国家和地区劳动保障制度不完善，在进行生产能力向海外转移时损害东道国本地人员的利益，从而损害公司在东道国的声誉。

合理的福利制度是在不降低当地公司财务竞争力的前提下，对所有员工的劳动报酬和升迁实施平等待遇的制度。在管理过程中，对可能发生的矛盾具有预见性，例如不要因为缩短与本地人员的福利差异而匆忙地把外派员工福利降低，要坚持管理团队的团结性，通过沟通理解工作，让来自不同文化背景的员工具有积极士气。在福利管理过程中，可以实施个别化操作，同时具有同情心，并准备好各种替代方法。

(二) 跨文化人力资源管理中的人员整合策略

1. 跨文化沟通管理

跨文化人力资源管理的指导方针就是要在跨国公司内部持续地进行对话，包括企业领导者的对话和员工之间的对话。通过对话，跨国并购公司自身优秀的企业管理理念、方法、文化价值观能在被并购企业里得到执行、理解和融合；建立沟通网络可提高并购双方的凝聚力，提高企业的管理水平、员工的工作生活质量和促进员工的职业生涯发展。

(1) 跨文化沟通目标。跨文化人力资源管理的目标是改进员工和管理者对各国文化价值观、政治制度、人员管理的理解，改变对企业内部其他国家员工的误解，纠正扭曲和错误的观念，建立具有共性的文化基础，改善不同文化背景人员关系的实践过程。因此，跨文化沟通体现在人力资源管理的全过程中，包括企业结构建立中的沟通，招聘过程中的沟通，培训过程中的沟通，绩效考评过程中的沟通，薪资报酬中的沟通，领导执行中的沟通，培训开发中的跨文化沟通等。

(2) 跨文化沟通的企业协调。企业协调沟通是管理的基础。跨国并购的双方掌握现代企业的协调沟通手段比以往任何一个时期都更重要。母公司企业结构文化适应性、东道国企业结构的稳定性和员工对企业结构适应性是企业协调的基础。在企业结构上如何有效地进行控制是跨文化沟通的一个重要问题。

企业协调分工有两类。一类是控制信息从某地到达另一地，目的是通过过滤、分流等方式来控制信息的流量。另一类是推进信息前进速度，其重要职能就是保证反馈能够到达它应该达到的目标。

企业协调沟通的重要方法是加强沟通反应，即对信息的倾听、询问和反应，对接收到的信息采取行动。研究表明，企业中的下属一般对其上司是开放的，他们向上司询问信息，倾听上司指示，根据所得到的信息行动，因此增强沟通开放性的重要方面是上司对其下属更开放，同事之间更开放。

2．员工期望值管理

企业在实施并购后，了解员工的新期望值，是人力资源管理的重要任务。了解员工的期望值，可以提高员工的凝聚力，提高员工工作动机和工作责任感，减少各方员工动机、目标的冲突，有针对性地加以调停。人力资源管理部门要了解并购双方企业员工的情况，然后和企业的期望值进行比较，以拟订出符合企业和员工期望的整合目标。

3．员工安置管理

企业并购后，重要的是引导新企业采取健康有序的管理，避免并购产生的非理性行为；引导并购企业管理层按合理、合法的程序并购，减少失业等问题对员工和社会产生的冲击。规范化的管理可保证双方企业获得最大的收益，承受最小的风险和损失，员工获得合理安置。

人力资源部门要制定计划，合理设置并购后企业的组织机构，理顺内部管理体制，认真准备并购后部门和个人的职务说明书，从而做到合理安置人员。人力资源部门应十分谨慎，只有通过大量的宣传和沟通工作，以及细致的人事安排工作，才能使这一敏感性很高的整合活动顺利完成。

4．人力资源协同管理

人力资源协同管理的动因是促进企业业务的整合，这是并购后企业建设的重要任务。通过跨国并购，在全球范围内优化配置资源，实现并购双方企业的业务整合。

跨国并购企业的协同管理的方法主要包括以下几个方面：

一是向双方的员工进行广泛宣传，说明和指出企业兼并的目标，向双方股东和相关企业详细说明兼并的收益。

二是兼并双方的高级管理层应积极参与业务整合活动和文化整合活动，通过向被并购企业派遣人员，提高工作效率，落实新公司的相关战略，控制新公司的战略实施，避免动荡和矛盾。

三是建立新文化框架，加强文化平衡工作，特别是帮助被并购企业员工的情感达到平衡满意，强化员工国际化意识，树立多元文化的思想观念。

四是落实协同管理制度的建设。包括功能性企业结构的设置、企业文化制度建设和绩效联系起来的企业管理模式等。

五是利用企业培训和开发手段进行在职培训和脱产培训，提高员工的协同意识以及他们的协同管理水平，从而提高企业绩效。

5．企业学习管理

人力资源管理的许多功能，比如绩效反馈，在跨国公司多元化环境下容易导致跨文化的误解，而这一误解又经常导致文化冲突圈的产生，其后果是带来沟通中断、管理层和员工道德水平下降、团队绩效降低以及潜在的人才流失等。如果这一情况没有及时解决，同样的事情还会在其他管理者之间产生(见图 5-1) 。

通过企业学习可以防止此类事情再次发生从而使整个公司受益。由于企业管理中某种程度的文化误解是不可避免的，跨国公司管理者应该做的是如何预防这些误解发生，防止文化误解转变成文化冲突。企业学习的机理就是通过各种方法使跨文化误解能够表面化、公开化，从而解决问题。和传统思想不同的是，企业学习并不要掩盖矛盾，而是强调沟通和理解，以及正面的解决问题。当问题发生时，跨国公司应该从企业学习理论中弄清楚问题所在，并找到解决问题的结论。一个学习团体，只有通过信息加工，才能使潜在的行为得到改变。

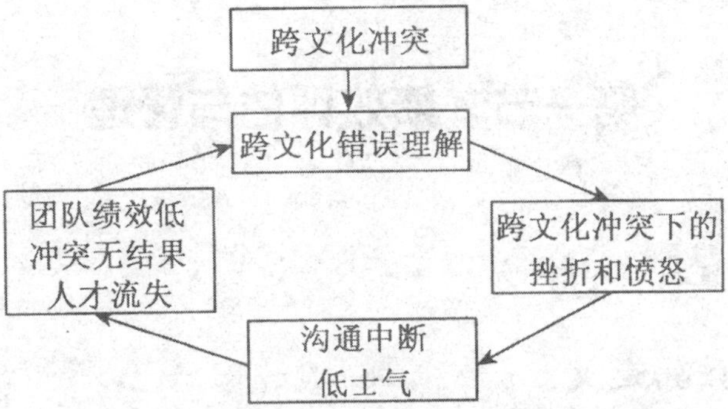

图 5-1　跨文化冲突对企业的影响

第六章　企业员工绩效评估管理

在企业里，绩效评估是唯一一个正式的上司与下属之间的沟通渠道。但在大部分企业中这个渠道被曲解了，并没有发挥好的作用。下属希望与上司多沟通，让上司准确知道自己的表现，也希望得到上司的帮忙，这些都应包括在绩效评估流程里面。但很明显，很多员工都将绩效评估看成是管理者约束下属的方式，所以都不太愿意“face the music”(承担后果) 。

从管理者的角度来说，明确绩效评估的重要性，做好绩效评估必须要做很多准备工作，比如要将目标解释清楚等。其实当管理者招聘一个新员工进来，如果不能带新员工尽快进入轨道，对双方来说都是非常没有意义的时间损耗，所以很多管理者都知道绩效评估的重要性，但没有去做的原因，归根结底是因为不知如何下手。

对企业来说，绩效评估是执行力的开关。策略定好之后，就要将策略内容分工到每个员工身上，做不到将策略分拆然后落实到每个员工身上，这个企业就没有什么执行力可言。要建立一个有效的绩效评估流程，需要对绩效管理有一个全面的认识，需要建立科学的绩效评估与管理系统，需要采用科学的方式方法。

第一节　绩效评估与管理

一、绩效评估

(一) 绩效的定义

绩效是一个含义广泛的概念，在不同情况下，绩效有不同的含义。从字面上看，“绩”是指业绩，即员工的工作结果；“效”是指效率，即员工的工作过程。

也就是讲：绩效=优良的工作过程+优异的工作结果。

影响绩效的关键因素主要有以下五个方面：

(1) 工作本身的目标、计划、资源需求、过程控制等；

(2) 工作者本身的态度、工作技能、掌握的知识、IQ、EQ 等；

(3) 管理机制，包括计划、组织、指挥、监督、控制、激励、反馈等；

(4) 包括流程、协调、组织在内的工作方法；

(5) 工作环境，包括文化氛围、自然环境以及工作环境。

其中每一个具体因素和细节都可能对绩效产生很大的影响，控制了这些因素就同时控制了绩效，管理者的管理目标实质上也就是这些影响绩效的因素。

(二) 绩效评估的定义

绩效在不同因素影响下会产生不同的变化，这些要素包括时间、空间、工作任务的条件和环境等。因为这些要素自身呈现出了强烈的多样性、多维性与动态性，所以我们对绩效的评估也不能忽视这一特点，必须向着多角度、多方位和多层次的方向对绩效评估进行管理。

对于绩效评估，不同的学者有不同的认识，早期的观点主要有以下几种：

(1) 对企业中成员的贡献进行排序；

(2) 对员工现任职务工作业绩的出色程度以及担任更高一级职务的发展潜力，进行有组织的、定期的并且是尽可能客观的考评；

(3) 对员工的个性、资质、习惯和态度以及对企业的相对价值进行有组织的、实事求是地考评，它是考评的程序、规范、方法的总和；

(4) 人事管理系统的组成部分，由考核者对被考核者的日常职务行为进行观察、记录，并在事实的基础上，按照一定的目的进行的考评，达到培养、开发和利用企业成员能力的目的；

(5) 定期考评和考察个人或工作小组工作业绩的一种正式制度。

从以上观点中我们可以看出，虽然各界的专家和学者对绩效考核的认识并不完全一致，但是他们的认识中大多都包含以下三个观点：

(1) 绩效考核是人力资源管理系统的组成部分，它有自己系统的制度规范和考核方法；

(2) 绩效考核是对企业成员在日常工作中所表现的能力、态度和业绩，进行以事实为依据的评价；

(3) 绩效考核是从企业经营目标出发对员工工作进行考评，并使考评结果与其他人力资源管理职能相结合，推动企业经营目标的实现。

归纳起来，我们可以看出绩效评估是指考评主体对照工作目标或绩效标准，采用科学的考评方法，评定员工的工作任务完成情况，员工的工作职责履行程度和员工的发展情况，并且将评定结果反馈给员工的过程。

(三) 绩效评估的分类

从不同的角度对企业绩效评估来进行分类，可以将绩效评估分为多种不同的类型，主要有以下几种。

(1) 按评估目的划分。按照评估目的划分我们可以将其分为例行评估、晋升评估、转正评估、评定职称评估、培训评估、对新员工评估等。

(2) 按评估内容划分。按照评估内容划分我们可以将其分为工作态度评估、工作能力评估、工作绩效评估、综合评估等。

(3) 按评估时间划分。按照评估时间划分我们可以将其分为定期评估和不定期评估，定期评估又可分为半年期、一年期、二年期、三年期不等。

(4) 按评估形式划分。按照评估形式划分我们可以将其分为口头评估与书面评估、直接评估与间接评估、个别评估与集体评估。

(5) 按评估主体划分。按照评估主体划分我们可以将其分为上级评估、自我评估、同事评估、专家评估、下级评估，以及综合以上各种方法的立体评估。

(6) 按评估对象划分。按照评估对象划分我们可以将其分为对员工评估、对干部评估。对干部评估，又可分为对领导干部、中层干部、科技人员的评估。

(7) 按评估标准的设计方法划分。可分为绝对标准评估和相对标准评估。所谓绝对标准评估，即按同一尺度去衡量相同职务人员，它可以明确地判断员工是否符合职位要求以及符合的程度。小组内部同类人员相互比较做出评价，它可以确定人员的优劣顺序，但不能准确地把握员工与职位要求之间的符合程度。

(四) 企业绩效评估存在的问题

1. 主管方面

企业管理者在实施绩效评估战略的过程中，有时会因为自身主观上的判断失误或是偏见，从而对员工工作的积极性造成影响。有些主管在对员工进行奖励或惩戒时，往往态度温和，措施委婉，不愿真实地考核。通常情况下，一项评估的曝光频率越高，主管所遭受的压力也越大，会产生很多的困扰。

2. 员工方面

由于主管的偏见，有时会让其手下的员工成为牺牲品。主管的主观成见或是员工在无意间造成的小差错，就会导致绩效评估不真实，产生一定的错误。但就员工本身而言，他们大多数都认为绩效评估过程不够周密，主管难以发现自己的优点。因此，在他们看来所获得的中等评价，如“普通”“尚可”“符合要求”等，只不过是应付了事、令人泄气的评语。

3. 绩效评估标准本身的问题

(1) 绩效评估很难对团队工作中的个人价值进行评估。在一个相互协作的团队中，取得一项工作的成功是整个团队共同努力的结果。在这种情况下，个人贡献的大小就很难进行评价。例如，一则成功的报纸广告，需要有绘制版面的美工人员，构思文案的文案撰写人，以及设计版面的版面设计人员，他们每个个人所负责的工作不同，因此很难对他们每个人的价值进行评估。

(2) 绩效评估很难对创意的价值进行评估。例如，在一家专门从事女性服饰销售的企业，最近对货架陈设重新进行了整理，并且新增了店头广告，这一项创意性的工作由分管销售的副经理负责；同时，该店还新聘请了一批营业员并由人力资源部对她们进行了专业的培训，结果本月的销售额大幅上升。我们很难评估，这一绩效哪些源自销售副经理的创意性工作，哪些源自营业员服务水平的提高。

(3) 绩效评估的标准往往会忽略那些不可抗力的因素。即使两个员工是在同样努力地进行工作，但是他们也会因为种种不可抗力因素的影响导致绩效的截然不同。例如，对机床操作工绩效评估的标准是生产产品的数量和合格率，水平相似的两个员工，如果一人的机床经常出现故障，那么两个人的工作绩效就会出现很大的差别。

除此之外，绩效评估本身还存在很多的问题，导致企业内的员工对绩效评估有排斥的心理。绩效评估在实际工作的实施过程中会遭受种种阻力，因此我们要找到能够突破这种阻力的对策，减少绩效评估在实行过程中出现的错误，从而顺利实现企业的预定目标。

二、绩效管理

(一) 绩效管理的定义

对于绩效管理的定义，可以从以下几个方面进行把握。

(1) 绩效管理实际上是一个完整的系统，它包括绩效的界定、绩效的衡量以及绩效信息的反馈三个过程。有效的绩效管理系统首先要明确对企业目标的实现具有至关重要意义的绩效内容；其次还要通过绩效评价对员工的各个方面的绩效进行衡量；最后要通过绩效反馈将最终的绩效评价信息反馈给企业员工，使员工能够根据企业的目标不断提高自己的工作业绩。

(2) 绩效管理的过程，实际上也就是企业与员工不断进行沟通的过程。通过彼此间的交流与沟通，员工能明确企业的发展目标，最后双方在业绩的要求上达成共识，从而保证员工的工作过程以及工作结果始终与企业目标相一致。

(3) 绩效管理是将员工的工作活动与企业目标联系在一起的过程。企业的绩效最终要通过员工的绩效来实现，而员工的绩效又必须在企业目标这一整体框架内进行评价，并且评价的内容和标准都要以企业目标为依据。提高员工工作绩效的根本目的是保证企业目标的顺利实现。

(二) 绩效管理的特点

绩效管理具有系统性、可控性和联结性三个方面的特点。

1. 绩效管理的系统性

绩效管理实际上是一个完整的系统性工作，它不仅包括了工作绩效的界定、衡量，还包括了绩效信息的反馈，这三个过程缺一不可。保证绩效管理的系统性需要注意三个方面的问题。

(1) 要明确对企业目标的实现具有至关重要意义的绩效内容；

(2) 通过绩效评价对员工的各个方面的绩效进行衡量；

(3) 通过绩效反馈将最终的绩效评价信息反馈给企业员工，使员工能够根据企业的目标不断提高自己的工作业绩。

2．绩效管理的可控性

绩效管理不是一个单向的活动，它需要企业与员工不断进行沟通与交流，单纯的“命令”和“执行”难以保证整个绩效管理过程的顺利进行。在绩效管理的过程中，通过彼此间的交流与沟通，员工可以明确的知晓企业的发展目标，并且双方会在业绩要求上达成共识，从而保证员工的工作过程可控性以及工作结果与企业目标的一致性。

3．绩效管理的联结性

绩效管理将员工的工作方式、工作态度以及企业目标紧紧地联系在一起，这不仅是员工工作改善的过程，也是企业目标的细化过程。企业的绩效最终要通过员工的绩效来实现，而员工的绩效又必须在企业目标这一整体框架内进行评价，并且评价的内容和标准都要以企业目标为依据，他们的是相互依存、相互促进的整体和部分(见图 6-1)。

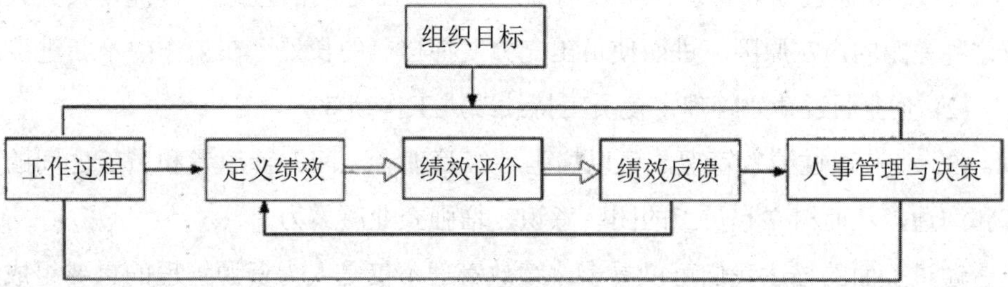

图 6-1　绩效管理系统模型

（三）绩效管理的意义

1．企业战略落实的载体

与员工绩效直接挂钩的是员工的工作态度和工作方式，绩效管理通过为每个员工制定切实可行的绩效目标，可以将企业战略、企业与人合为一体。企业在绩效目标的制定上应当注意自上而下的制定和程序，也就是说企业的战略通过绩效目标的制定层层下传。

2．构建、强化企业文化的工具

企业文化是企业极为重要的无形资产，它深刻地影响着企业产品在销售市场上的形象和口碑。现代经济条件下，很多企业都在努力构建自己的企业文化，但大部分企业对这一概念的认识并不深入，只是停留在几句象征性的宣传口号上。企业文化的核心就是企业经营的价值准则，体现在企业生产和管理的各个方面，而绩效管理在企业价值观的传递过程中扮演的正是“中间人”的角色，具有强化和构建的作用。

3．员工进步的助推器

绩效管理具有极为积极的推动作用，它促使管理者对员工进行指导、培养和激励，提高员工的工作能力和专业水平，进而改善和提高自己的绩效。绩效管理对员工进步的推动作用主要表现在三个方面：

(1) 企业通过绩效管理，可以清晰地发现员工之间的差距，并促使其寻找造成这种差距的内在原因，进而使员工充分发挥自己的长处，在工作中不断进步。

(2) 企业通过绩效管理，使员工持续改进工作绩效。

(3) 企业通过绩效管理，可以增强各级管理者之间、管理者和员工之间的交流和沟通，从而树立起员工的团队意识，增强企业凝聚力。

通过上面的描述我们可以看出，绩效管理不仅是人力资源管理的重要组成部分，更是现代企业增强自身发展能力，改善企业管理的重要手段。绩效管理就是要通过考核提高个体的效率，最终实现企业的目标。

第二节　绩效评估的标准与主要方法

一、绩效评估的标准

(一) 个人品质

以个人品质为标准的绩效评估是指根据一个人具备某些品质的程度来判断他的绩效，个人品质测评的突出特点是它假设绩效高的人具备某些共同的优秀品质。这种评估方式最常涉及的考核项目包括与人相处的能力、勤勉程度、合作性、判断力、创造性、自主性、领导能力、社会性、热心、勇气、忠诚、可靠性、进取心、自信心以及一些与职务有关的职业品质和能力。但企业在对员工实际的评估过程中，以个人品质为标准对员工的绩效进行评估时，其要求通常都会远远超过岗位工作特征。

以个人品质作为评估的基础时，考核者需要清楚地说明每项品质的含义。如果企业绩效评估将判断力作为考核标准，那么必须要说明判断力的明确定义——“在得出正确结论的过程中，识别重要和次要因素的能力”。同样的道理，每个评定等级的标准和要求也要给出明确的甚至是量化的说明，以增强评判标准的可信度和实际操作的空间。

品质考评的内容清晰明了，操作上简单易行，对员工还可以起到一定的激励作用，因此在实际工作中得到广泛应用。

以品质作为评估标准的绩效考评体系还有其固有的缺点，主要表现为：

(1) 考核可能存在一定的主观倾向。在实际工作中，企业的经理人不愿意以自己的主观判断去决定别人的发展前途，因此在评判过程中他们总是执行模棱两可的评判标准，并尽可能使各人的评价大同小异，在这种情况之下，企业的绩效评判系统最终会流于形式。

(2) 品质考核的基本假设难以统一。在研究过程中许多学者发现，个人品质与实际工作之间很难建立直接关系，管理人员很大程度上是以个人印象来代替真实情况。

（二）工作成果

以工作成果为标准的绩效评估指的是，根据一个人完成预期产出和贡献的大小来判断其绩效。从这个描述中我们不难看出其评估目标的量度核心，以及其促使员工完成企业所交付的任务的作用。企业在以工作成果为标注评估企业员工的绩效时，最关心的评估项目包括利润、废品率、净销售额、销售成本、维护费用、应收账款的平均天数、投资回报率等。企业通过为这些项目制定评估指标，可以根据完成目标任务的程度对下属的绩效进行评估，并可以起到促使员工改善工作，提高企业绩效的作用。

以工作成果作为考核基础的绩效评估体系，其优点主要有：

(1) 评价结果客观，并且具有切实可行的操作性；

(2) 根据实际成果衡量一个人的工作完成得怎样，考核的对象可以测量，减少了考核中的纯粹推断成分。

其缺点主要有：

(1) 过于注重结果的评估。在工作中人们可能会由于一些客观原因，付出了劳动却没有达到目标，而结果测评正是缺少对这种不可控制的因素的考虑。

(2) 容易产生只看结果不问手段、片面追求短期利益等倾向。

我们应该注意的是，虽然以工作成果为标准对员工绩效进行评估具有很高的可操作性，在大部分企业里都有实行的空间，但这并不代表所有类型的企业或所有的企业部门的绩效都适合用这一标准来衡量。一般而言，企业中可以运用成果评价绩效的领域有生产和销售部门，而人事、财会、研发、公关等部门并不适用此标准。

（三）日常行为

员工的日常行为可以作为评估的依据。在员工行为的评估方面常见的评估项目有服从命令情况、遵守纪律情况、按时出勤情况等。

由于生产性质的差异，有的企业在战略规划上将企业工作的按时完成视为企业目标实现的基础，在这种生产企业形式下的企业，以行为为基础的绩效评估体系非常实用和有效。行为标准的评估方法的优点在于，能够为员工提供有利于改进工作绩效的反馈信息；缺点是如何建立一套行之有效的考核行为尺度。如果能建立一套科学合理的评估行为的尺度，根据这个尺度考核员工的工作，在行为标准的评估体系下，其有效性和科学性都会得到极大的提高。以行为为基础的评估比较适合于绩效难以量化评估的工作，如管理层和专业技术人员的工作。

通过上面的介绍我们可以看出这三种评估各有特点，它们之间区别在于侧重点的不同：个人品质评估着眼于考核对象“是个什么人”；工作成果评估更看重考核对象“干出了什么”；行为考核则关注评估对象“干了什么”。

二、绩效评估的主要方法

（一）关键事件法

关键事件法是以记录直接影响绩效好坏的关键性行为为基础的考评方法。关键事件指的是员工在工作过程中做出的对其所在部门或企业有重大影响的行为。这种影响包括积极影响和消极影响。使用关键事件法对员工进行考评，要求管理者需要将员工日常工作中的好的行为或不良行为认真记录下来，根据所做的记录来对员工的工作绩效进行评估。

关键事件法一般都可以作为其他评价方法的补充方法，它具有很多方面的优点：其一，它可以确保在对员工进行考评时，所依据的是员工在整个考察周期内的工作表现，而不是员工在近期内的表现，减小近因效应问题所产生的考评偏差；其二，对关键事件的记录为考评者向被考评者解释绩效考评结果提供了确切的事实依据；其三，通过对关键事件的记录，管理人员可以获得一份关于员工消除不良绩效的实际记录。

关键事件法在具体操作时，也存在一些方面的不足，主要表现在，可能会产生管理人员漏记关键事件的现象。在大多数的情况下，刚开始，管理人员都是忠实地记录每一个关键事件，到后来因失去兴趣或是因为工作繁忙等原因而来不及记录，等到考评期限快结束的时候再去补充记录。这样，就很有可能会夸大近因效应而产生的偏差，从而影响对员工绩效评估的客观性。[①]

---

① 刘翠芳．现代人力资源管理．北京：北京大学出版社，2006．

(二) 评级量表法

评级量表法是企业经常采用的一种绩效考评方法，它主要借助事先设计的等级量和考核标准来对员工的工作绩效进行统一标准的考评。

使用评级量表进行绩效考评的步骤主要有：

(1) 根据考评的目的和需要来设计等级量表(见表 6-1) ，将有关绩效考评的项目分别列入表中，并具体说明每一项目的含义和量化标准。

表 6-1 评级量表法示例

考核项目	考核要素	说明	评定
基本能力	知识	是否能充分具备现任职务所要求的基础知识和实际业务知识	A B C D E 10 8 6 4 2
业务能力	理解力	是否能充分理解上级指示，独立完成本职工作任务，不需要上级作具体的指示和指导	A B C D E 10 8 6 4 2
	判断力	是否能充分理解上级指示，正确地把握现状，随机应变，恰当处理	A B C D E 10 8 6 4 2
	表达力	是否具有现任职务所要求的口头表达力，能否进行一般的联络说明工作	A B C D E 10 8 6 4 2
	交涉力	在与企业内外的对手交涉时，是否具有使双方诚服、接受、同意或达成协商的表达交涉力	A B C D E 10 8 6 4 2
工作态度	纪律性	是否严格遵守工作纪律和规定，有无早退、缺勤等。是否严格遵守工作汇报制和报告制	A B C D E 10 8 6 4 2
	协调性	在工作中，是否充分考虑到别人的处境，是否主动协调上级、同级和企业外人员	A B C D E 10 8 6 4 2
	责任感	对分配的任务是否主动积极，尽量多做工作，向困难挑战，主动进行改良、改进	A B C D E 10 8 6 4 2
评定标准	评定标准 非常优秀 优秀，满足要求 略有不足 不满足要求 非常差，完全不满足需求	最后评定分数换算 A-54 分以上 B-53～32 分 C-31 分以下	

(2) 然后将每一考评项目分成若干等级并给出每一等级相应的分数，由考评者对员工每一考评项目做出恰当的评价和记分，

(3) 最后计算出总分，得出考评结果。

（三）强制分布法

强制分布法也可以被称为强制正态分布法。企业的所有部门都有优秀、一般和较差的员工，强制分步法就是针对这个特点来设定的。因此，在运用强制分布法进行绩效考评时，要求考评人员依据“中间大、两头小”的正态分布规律，预先确定评价等级以及各等级在总数中所占的百分比，具体的比例可以有所不同，但无论采用哪种比例，其分布都要符合正态分布的规律，然后按照被考评者绩效的优劣程度将其列入其中某一等级，如表 6–2 所示。

表 6–2　强制正态分布表

等级	优秀 10%	良好 20%	中等 40%	较差 20%	最差 10%
姓名	张红 …	李明 …	赵军 …	王丽 …	周强 …

强制分布法适用于被考评人员数量较多的情况，操作起来也较为简便。遵从正态分布规律，可以有效减少由于考评人员的主观性而产生的偏差。除此之外，这种方法也有利于管理控制，尤其是适用引入员工淘汰机制的企业，它能帮助筛选出被淘汰的员工。但是，这种方法也存在一定的缺陷，如果在某一个部门的所有员工工作绩效都很好，这时使用强制正态分布的方法进行绩效考评所得到的结果就会失去公平性。

（四）配对比较法

配对比较法也称为两两比较法或对偶比较法，它是较为细化和有效的一种排序方法。

配对比较法的具体操作步骤：

(1) 将每一个考评对象的工作数量、工作质量、工作态度等基本工作要素按一定的顺序列好。

(2) 将每一个考评对象的工作因素与所有其他员工依次进行比较，将优秀者标记为“+”或“1”，将差一点的员工标记为“-”或“0”，

(3) 最后计算出每一个被考评者所得正负号的数量或具体得分，并排序。

如表 6-3 是一张员工配对比较表，从中我们可以看出李明的工作情况在几人当中是最差的。

表 6-3　员工配对比较情况

就“工作态度”这一评价要素所作的比较					
被评价者 / 姓名	张红	李明	赵军	王丽	周强
张红		+	+	-	-
李明	-		-	-	-
赵军	-	+		+	-
王丽	+	+	-		+
周强	+	+	+	-	

配对比较法实质上是将全体被考评者看作一个有机系统，其准确度较简单的排序考评方法高得多。但是，该方法在操作时比较烦琐，尤其是涉及人数较多时，考评者一定要注意考评数据的准确性。

(五) 排序考评法

排序考评法是依据某一考评维度，如工作质量、工作态度或者依据员工的总体绩效，将被考评者从最好到最差依次进行排序。在这种绩效评估方法的实际操作中，又可以分为简单排序和交替排序两种方法。简单排序指的是，依据某一标准由最好到最差依次对被考评者进行排序。交替排序指的是，先将最好的和最差的列出来，然后再挑出次好的和次差的，以此类推，直至排完，最后将所有员工的姓名都列出来。将绩效评价最高的员工的姓名列在第一行；将绩效评价最低的员工的姓名列在最后一行。然后将次好的员工姓名排列在第二行，将次差的员工姓名排列在倒数第二行。依次交替进行，直到所有的员工姓名都被列出。

排序考评法通常适用于小型企业的员工考评，而且被考评对象最好是从事同一性质的工作。排序考评法最大的优点是简便易行，省时省力。它的不足之处是：由于主要是依靠考评者的主观判断进行排序，不同考评者会有不同的倾向性，因此会在排序中产生一定的偏差；没有具体的考评指标，因此当两个人的业绩相近时，就会很难确定其先后顺序；被考评者只会知道自己的排序情况，却不能明确自身的优点和不足之处；缺乏具体的考评标准，无法同同一企业中不同部门的员工进行比较。

（六）平衡计分法

平衡计分法也是企业常用的一种绩效管理和评价方法，这种考评方式的关键是平衡计分法的编制和实施。一套科学合理的平衡计分法不仅需要企业将其内容与经营业绩、管理业绩相对，管理者的奖励与惩罚相等工作内容结合，还要与企业的发展战略与经营策略相结合。

平衡计分法的编制和实施应遵循以下几个步骤。

1．明确企业发展战略和经营策略

企业的发展战略和经营策略是企业进行日常经营和管理的基本依据，对每个部门的工作都具有实际的指导意义，企业在进行平衡计分法之前应该对此有一个深刻并且明确的认识。企业平衡计分法的设计就是制定一些评价指标去衡量各部门管理人员所从事的和完成的工作是否可以完成相应的战略目标。同时，成立一个平衡计分小组或委员会专门解释企业战略和经营策略，使每个管理者对企业战略和经营策略都有一个深入的理解。

2．建立各项具体指标

既然是考评就必然有相应的评判标准，平衡计分法编制的第二部就是建立客户、财务、内部经营、学习发展以及发明创新的具体指标，还要为四类具体指标找到最贴切的管理业绩评价指标，有时候需要量化表示。就一般的平衡计分法来说，每个子模块需要制定 3～5 个合适的指标，这些指标在性质上既是每一类具体指标分解的结果，又是每个子模块的有机组成部分。

3．确定具体量化目标

企业平衡计分卡编制的第三个步骤是确定每一阶段管理业绩评价指标的具体量化目标，并据此制定管理者的工作计划，安排生产者的工作进度。企业在计划制定好之后，还须经常用指标去测评计划实施效果，并与预期目标相比较，看他们是否相符。如果测评结果与预期效果有较大差异，那么企业必须要及时对平衡计分法进行相应的修改。

4．修正平衡计分法

通过第三步的介绍我们知道，测评结果与预期效果可能会产生较大的差异。平衡计分法的修正是企业整个编制过程的最后一个环节，在该环节，企业通过调查表等方式征求并采纳员工提出合理意见，再通过平衡计分法相应指标的修改完成对企业管理的调整。在修改过程中，企业员工的作用不可忽视。因此企业应该充分发挥员工的主人翁精神，让更多的员工参与到管理业绩评价的监督行动中来，防止“官富民贫”的不合理现象的出现。

(七) 360 度考核法

大部分企业在进行绩效考核时，由上级主管人员来完成。随着经济环境和企业经营企业模式的改变，这种考核方式信息考核面较窄的缺点日益突出，并且会导致考核的客观性和公正性的丧失。在这种背景下有一部分企业提出了 360 度考核法，该方法通过不同的考核者(上级主管、同事、下属和顾客等) 从不同的角度来考核，全方位、准确地考核员工的工作业绩。360 度考核法是被考核人的上级、同级、下级和服务的客户对他进行评价，通过评论了解各方面的意见，清楚自己的长处和短处，来达到提高自己的目的。

1．考核方法

360 度考核法是一种基于经理、客户、合作者、供应商等信息资源的收集、提供考核并考核绩效的方法。

在通常情况下，评分表都是以无记名的方式进行收集的，以便提供信息者能轻松诚实的评分。然后评分表由人或计算机程序分别进行汇总。最好是员工能有机会就评分情况同经理进行沟通，当然也还有一些不同的方法。

2．考核者

考核者可由以下两个方面构成。

(1) 同事。每个人都不是孤立存在的，自己的行为会对周围的人产生或大或小的影响，在绩效考评上，这一点是指每个员工的工作的态度和行为都在客观上影响着周围的人。在进行绩效管理和评价时应考虑这种相互作用和依存关系，因此，员工也需要同伴的考核和信息，以便他们更好地提高和成为更好的团队成员。

(2) 客户。由于企业的成功或失败都是不以任何人的意志为转移。让员工接受来自上司的信息考核和评价是个好主意，但是这还远远不够，企业的管理人员也应该尽量听取顾客的意见。这确实有意义，客户是拿走企业生产出来的产品即输出物的人。但还有供应商，这些人提供输入物即企业加工用的原材料。客户服务和质量管理方面的专家认为这方面的关系也很重要。

第三节　绩效评估的系统设计与具体操作

一、绩效评估的系统设计

企业应该对绩效评估系统有一个全面和深入的了解，这样对绩效评估的实际操作会产生重要的作用。实际上，绩效评估本身并不是一个孤立的评估体系，它是与许多方面结合在一起的，只有从各方面配合进行，才能保证绩效评估的顺利进行(见图 6-2) 。企业想要建立一个良好的绩效评估系统，就必须要做到以下几个方面。

(1) 在进行绩效评估之前要向员工传达其对他们取得优异绩效的期望。

(2) 选择恰当有效的绩效评估方法来对员工的工作表现和工作成果进行评价。

(3) 进行职务分析，确定各项工作的职责，并以此为基础制定相应的绩效评估标准。

(4) 明确企业的总体战略目标及其对人力资源的管理要求。

(5) 建立与工作绩效挂钩的信息反馈机制。

(6) 对绩效评估系统最终实现的有效程度进行评价，并在这个基础上对绩效评估系统进行必要的修订。

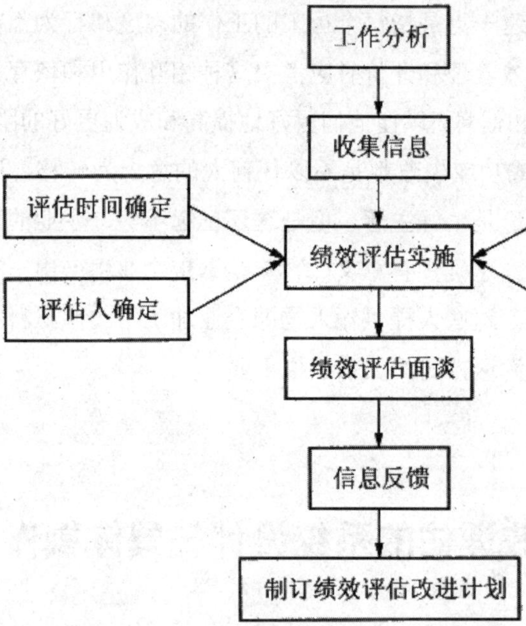

图 6-2　绩效评估系统

二、绩效评估的具体操作

(一) 收集情报

收集情报是指在前一次评估至下一次评估间隔内，观察员工的行为表现或听取企业内其他人观察到的该员工的行为表现。这是绩效评估的基础工作，如果不对这一基础工作加以重视，评估就会失去客观的事实依据。在收集情报环节中，最常见的是"关键事件法"。这种方法所收集到的事件资料，都是明确而易于观察的，并且直接关系到员工工作绩效的优劣。在进行事件收集后，还要加以分析和整理，然后填在特殊设计的考核表上，并用标题将资料进行分类，以便以后查找。

在考核记录表上另外还备有使用手册，将记录上所列的多项具有关键性的要求加以详细说明。部门主管要将收集到的资料分别登录在考核记录上，该记录分为蓝、红两色各占半页，如资料属有效益者则记在蓝色区，如为无效益行为则记在红色区域，手册要求主管所登录的必须是直接观察所得到的，而且，还要能清晰显示出来，该行为表现对企业来说是正面的还是负面的。在收集评估“关键事件”时，主管可以通过以下两个主要来源获取资料信息。

1．日常工作表现的记录

这些记录包括生产产品的质量、工作中的努力程度、是否安全操作、是否按时完工、预算成本和实际成本的比较、出勤情况，以及顾客、同事抱怨的次数等，以及在工作的过程中进行的活动，都可以作为资料信息的来源。

2．从其他人处进行了解

这些人最好是与被评估人在某种程度上有一定接触的人，包括被评估人的直接主管、同事或是服务的对象等。如果企业实行项目小组制且有该被评估人的参与，则与小组负责人联络，方式上应力求客观，并尽量避免诸如“您认为小李怎么样?”此类的询问方式，而使用“小李帮您做过哪方面的事?”或“关于这方面，您对他的评价如何?”等询问方式。总的来说，就是资料的来源越多越好，但应注意慎重进行选取，以保持其客观性。所以，在获得资料后，还应该对这些资料进行分析和整理，并根据制定的绩效标准进行修正，以求获得较为客观的评估结果。

(二) 设定评估的间隔时间

设定绩效评估的间隔时间对评估操作过程来说，也是十分重要的一个环节。设定的间隔时间因工作性质而异，要充分讲求设定的科学性，如果设定的间隔时间太短，那么就需要投入大量的人力、物力、财力，这样就使得获得评估结果所耗费的成本过高，如对流水线操作工进行绩效评估就没有必要间隔时间太短。如果评估的间隔时间太长，就会失去绩效评估对员工工作应有的监督作用和威慑力，也不能让员工对自己的工作获得及时反馈信息，影响了员工改正工作方法，提高工作效率。就评估的科学性而言，不同的工作应设定不同的评估间隔期。一般的评估间隔期应为 6 个月至 1 年，对大多数工作，这一评估间隔期是比较合理的，如熟练的流水线操作工或企业中常规的管理人员。但对于项目制工作而言，一般在一个项目结束后进行绩效评估或在期中、期末进行两次评估。对于培训期的员工，绩效评估的间隔时间设定应比较短，以使员工能够及时获得反馈和指导。[②]

除此之外，绩效评估的间隔期因评估目的不同也应有所不同。如果评估的目的是为了进行人事调动或晋升，那么就对员工工作绩效观察相对较长的时间，以免被一些员工投机取巧的行为所蒙蔽；如果评估的目的是为了更好地进行上下级间的沟通，提高工作效率，那么间隔期就应适当地短一些。如果一个员工长期的工作绩效都保持领先并呈现不断上升的状态，那么部门主管就应考虑给他加薪或升职；如果员工的工作绩效长期都处于较低的状态，那么主管就应考虑让其他人来替代其工作岗位。

(三) 360 度绩效评估

360 度绩效评估又称为全方位绩效评估，即评估人选择上司、同事、下属、自己、客户和专家，每个评估者站在自己的角度对被评估者进行评估。进行多方位的评估，可以避免一方评估的主观武断，可以增加绩效评估的可信度，其中每位参与评估者的评估权重可以不同。

1. 上司评估 (60 度)

上司是指被评估员工的直接主管，也通常是绩效评估中最主要的评估者，好的主管比其他任何人都更了解下属的工作和日常行为表现，因此他在绩效评估中最有发言权，权重也最大。

(1) 上司评估的优点

1) 有机会与下属更好地沟通，了解下属的想法，发现下属的潜力；

2) 评估可以与自身的加薪、奖惩等直接结合。

(2) 上司评估的缺点

1) 上司的评估有时会沦为单方面的说教；

② 胡君辰，杨林锋．企业人力资源管理．上海：格致出版社，2010．

2) 由于上司掌握着切实的奖惩权，在评估时，下属会感到心理负担较重；

3) 上司可能会有一定的主观偏见，不能保证评估的公平与公正性，可能会打击下属的积极性；

4) 上司可能缺乏评估的训练和技能。

尽管上司的评估有诸多不足之处，但在实际的工作中，上司评估往往是权重最大、最普遍、最不可缺少的一种评估方式。

2．同事评估(60 度)

同事是与被评估者朝夕相处的人，对被评估者的日常行为和工作观察地最深入，了解地最透彻，也最熟悉业务、方法和成果。如果同事是同一个项目小组的，那么被评估者对项目小组的工作贡献大小同事了解得最清楚。因此，同事评估的最大优势就在于了解全面，并且真实。如果同事进行的评估能采用实事求是的态度，那么同事反映的情况就是最为可信的。

但同事评估也有一定的缺点，并且还是其优势的伴生物，即正因为同事之间易于沟通、了解较深，致使同事评估往往会顾及“个人交情”，使评估结果与实际情况不相符。在大多数的企业结构中，竞争式的奖惩制度被普遍采用，在激烈竞争的环境下，同事之间也会不可避免的出现利益之争，也样会导致评估结果不符合实际情况。在不同的企业，同事之间的合作关系也有所不同，若合作形式是项目小组，那么同事之间的相互作用就会显得十分密切，如果其中一名成员做事拖沓，就会打乱其他人的时间安排，导致小组整体绩效下降。在这种情况下，同事评估对揭露问题、鞭策落后就会起到积极作用。在一般情况下，同事评估的方面主要包括：

(1) 时间观念，指被评估人参加活动和任务是否及时；

(2) 参与性，指被评估人是否积极参与小组的讨论及其他活动；

(3) 计划和协调能力，指被评估人能否计划好自己的工作任务，能否协调好自己和同事之间的工作分配，以取得整个项目较快的进展；

(4) 对小组的贡献，指被评估人在小组中是否能经常提出好的意见、建议及有创意的想法；

(5) 人际交往技巧，指被评估人是否能与同事保持融洽的关系。

3．下属评估(60 度)

下属对上级进行评估一般情况下不在国内的企业中使用，它在开放的国外企业中也是近年来才发展起来的。尽管下属评估是一种新生事物，但是它对培养企业的民主作风、提高企业员工之间的凝聚力等方面都起着非常重要作用。美国的通用电气、杜邦等大型跨国公司早已经纷纷引入了下属进行评估的评估体系，并取得了良好的效果。

(1) 下属评估的优点。

1) 能够达到权力制衡的目的，下属评估使企业的高层在工作中也受到有效的监控，防止在工作中出现独裁武断的情况。

2) 帮助上司发挥领导管理的才能，下属评估会把上级工作中的不足之处以及在处理上下级关系中的不足之处揭示出来，促使上司完善领导指挥方式，提高工作效率。

(2) 下属评估的缺点。

1) 下属对上司的工作不可能有非常全面的了解，因此在评估时往往侧重于个别方面，容易产生片面的看法。

2) 上司可能并不会真正对下属的意见看重，即使承诺进行改正，但往往也只是口头上的承诺，不会付诸实际行动。

3) 下属在对上级主管进行评估时往往不敢实事求是地发表意见，甚至为了避免上司的报复，他们会夸大上司的优点，而对上司的不足之处只字不提。

4．自我评估(60 度)

自我评估是设立目标时鼓励员工进行参与的项目。自我评估通常是目标管理的一个重要组成部分。员工参与设定目标会使员工在工作中更明确目标，明确自身努力对于达到目标的作用，这样，员工在实际的工作中就会表现出更多的主人翁态度，从而提高企业员工的凝聚力。

(1) 自我评估的优点。

1) 能够增强员工的参与意识；

2) 评估的结果具有建设性，能够有效改善员工的工作绩效；

3) 在评估方式中是最轻松的，对评估人和被评估人都不具有威胁性，不会感到很大的压力。

(2) 自我评估的缺点。

1) 自我评估只倾向于提高自己的绩效评估，结果往往不同于与上司或同事的评估；

2) 当评估结果用于行政管理时，自我评估会受到系统化的误差。

5．客户评估(60度)

客户评估也是评估信息的来源之一。客户是企业的外部人员，不受企业内部利益机制的影响，因此评估会显得更加真实和公正。但客户评估的操作又较为困难，只适用于评价企业内与客户接触较密切的员工，如销售员、售后服务部人员等。

(1) 客户评估的优点。

1) 客户评估较为客观公正；

2) 使每一位受评估者强化了要以消费者满意度为导向的服务观念；

3) 使企业重视在公众心目中的形象，这一形象会通过企业的每一个员工反映出来。

(2) 客户评估的缺点。

1) 比较费时费力。由于客户不是企业的内部员工，因此不能用行政命令规定其必须要在一定时间内完成评估任务，说服客户配合企业的业绩评估活动，无疑是一项费时费力的工作。

2) 难以操作。由于每个企业员工接触的客户可能是不同的，不同客户的评估标准又有所不同，故对企业员工来说，客户评估没有统一的标准。

6．专家评估(60度)

专家是指在绩效评估方面有专业知识的专业人员，他们往往是企业的外部人员，不受企业内部利益机制的影响，因此相对公正。但同时专家评估的难度也比较大，要求比较高，只有在评估企业高级人才时才会使用。

(1) 专家评估的优点。

1) 易在公众中建立良好的形象，统一评估，没有偏误；

2) 专家在这方面是最具权威的发言人，易被员工所信服。

(2) 专家评估的缺点。

1) 专家的评估有时太过于笼统；

2) 费时费力，在时间上难以控制，同时需要较多的经费支持；

3) 较难以操作，专家的选择较难进行，针对不同企业的评估有较大的差异，难以进行统一。

(四) 绩效评估面谈

绩效评估面谈在绩效评估操作过程中是十分重要的一个环节，是关系到绩效评估成功的关键。绩效评估面谈是指在绩效评估表格填好之后，已经对被评估者的各方面有一定的了解，然后针对评估的内容与被评估者进行面对面的交流活动。

1. 绩效评估面谈的内容

(1) 询问被评估者对评估内容的意见，指出其需要进行改正的地方。

(2) 了解被评估者对这次绩效评估的具体看法。

(3) 对改进方案方面进行探讨，找出适合被评估者的最佳方案。

(4) 询问被评估者针对评估内容的意见或建议，以及他们对日后工作目标的看法。

2. 绩效评估面谈的好处

(1) 有利于对评估内容进行完善。

(2) 有利于评估者更好地了解被评估者的思想。

(3) 有利于为绩效改进计划的实施打下坚实的基础。

(4) 有利于更好地实现评估目标，充分发挥绩效评估的作用。

三、对绩效评估系统进行改进

企业在制定绩效评估系统并进行实际操作之后，还有一个重要的环节就是根据收集到的被评估人对评估的反馈意见来对企业的绩效评估系统进行修正和改进。由于企业实行绩效评估的一个主要目的就是改进员工的绩效，因此企业的主管人员和下属员工都应该合力完成绩效的改进工作。

(一) 企业对绩效评估改革的原则

1. 从员工绩效先评估出不足之处，有针对性地纠正和改进

(1) 要先从员工愿意改进的地方着手，这样有利于激发员工改进工作的动机，因为在大多数情况下，员工都不会愿意从自己根本就不想改进的地方着手。

(2) 对员工绩效不足的方面进行重新评估。企业在获得评估的结果之后，为了保证评估结果的真实性，以及降低员工的不满情绪和提高信服度，企业应该着重对评估不合格的地方进行重审，防止由于评估主管的失误而不能真正觉察到员工在工作之中的缺点，也防止评估主管将员工独特的优点错看作缺点的情况出现。

(3) 企业要针对想要改进的地方，考虑所要花费的时间、精力和金钱，然后选择最合适的方面进行改进。

(4) 要从易出成效的方面开始改进。立竿见影的经验会带给员工更大的成就感，同时也会有助于顺利实现其他方面的改进工作。

2. 绩效改进的实施

为了尽量完善企业的绩效改进计划，就应该注意以下要点。

(1) 改进计划要获得员工的认同。在改进计划制定出来之后，企业的主管和员工都需要接受这个计划，并且还要尽自己的能力去认真实行，不能只做表面性的文章。

(2) 计划内容要实际。拟定的计划内容必须要与待改进的绩效有密切的联系，如果只是让员工学习一些很浅显的理论知识，那么这样的计划是没有多大的现实意义的。

(3) 计划要有时间性。绩效改进计划的拟定必须要制定截止日期，而且应该有分阶段执行的时间进度表，这样才能让计划更有效的实行。

3. 绩效改进过程中应注意的问题

企业制定绩效改进计划设计的主要目的在于促使员工自发改变自身不恰当的行为。为了顺利实现这个目的，企业必须要注意以下几个方面的问题。

(1) 意愿。员工自己要有想要改变的意愿。

(2) 知识和技术。员工要知道应该做什么以及如何去做。

(3) 气氛。员工需要在一种鼓励的环境里进行工作，想要造就这种积极的工作氛围，其中一个最为重要的因素就是主管。如果员工可能因为畏惧失败而不敢进行改变，这时就需要主管去协助他们，帮助他们建立信心。

(4) 奖励。如果员工知道行为在改变之后会获得一定的奖赏，那么他们就会更为容易接受改进的思想。奖励的方式可以分为物质方面和精神方面。其中物质方面的奖励主要包括加薪、奖金，或是其他福利；而精神方面的奖励主要包括自我的满足、加重自由、表扬、更多的自由与授权等。

(二) 绩效评估内容的创新

人力资源的绩效评估又叫作绩效考评、绩效评价或是员工考核，指的是一种对员工进行评估的正式的考评制度，也是对人力资源进行开发与管理的一项重要的基础性工作，其目的是想要通过科学的方法或是原理对员工在职位上的工作行为和工作效果进行评定和测量。在英美等国家，主要是对员工的“考勤”(工作态度) 与“考绩”(工作成果) 进行评估，主要是从员工的“个人特征”“工作行为”和“工作结果”三个方面具体来进行评估的。对于我国来说，当前企业内进行的绩效评估主要是从员工的“德、能、勤、绩”四个方面来进行的。在新的经济形势下，就需要对企业人力资源的评估内容进行创新，才能促进企业长久持续的发展。

企业对员工的绩效评估不应该仅仅局限于条条框框之中，应该随着市场和企业的不断发展而及时对绩效评估的内容进行创新。新的考核标准不仅要从行动上让员工感受到考核的动力，而且还要从心理上给员工制造一个增优创优的环境。只有这样，才能使企业进行的绩效评估活动发挥更大的作用，为企业的发展做出更多的贡献。企业绩效评估内容的创新，可以从员工的企业能力、技术能力、创意能力、分析能力、处事能力、沟通能力、协助或领导能力等几个方面来进行评估，这样可以更好的结合绩效而量化考核，从而有力地推动绩效考核内容的创新与完善。

(三) 绩效评估方法的创新

1. 绩效评估创新的原则

在对企业的绩效评估进行创新时，需要遵循一定的原则，主要包括：

(1) 要将对员工绩效的评估同企业的发展前景相结合。

(2) 企业对员工绩效评估的创新要能够为员工的晋升、解雇或是调整岗位来服务，为确定员工的工资、奖励、开发潜能和教育培训来服务，并且要求所获得的评估结果能够为企业的财务部门、人事行政部门或是生产部门等制定适当的工作计划和决策而提供一定的参考价值。

(3) 要在确定各评估指标的权重和对被评估人进行多角度评价时，引入定性与定量相结合的绩效评估方法。

(4) 在对企业的绩效评估体系进行创新时，还要坚持按绩效评估的程序来进行。在具体的实施中应注意按照工作分析的原理对企业所设置的每个职位的工作性质都进行分析和确定，并制定岗位说明书，明确员工个人绩效评估的目标，最后还要同员工进行沟通以使每个被评估者都能够对这一目标表示理解。

2. 绩效评估方法的创新

(1) 量化评估指标方法的创新。企业在对员工进行绩效评价时，总是会遇到如何对评估指标进行衡量的问题。在那些可以被直接观测的指标当中，总是会产生具有相互冲突的多维特性，指的是由于过度强调某一方面的特性而可能会产生一些不恰当的激励作用，如处事能力指标，很有可能会激励经营者为了追求巨额利润而做出“拼设备”的不恰当的短期化行为。可观测的指标不仅会受到经营者的决策行为的影响，并且还会受到许多非经营者所控因素的影响。如果企业经营者的报酬同指标产生直接的联系，就很有可能会让评估失去其原有的公平性，从而产生一些无法想象的副作用，如技术能力指标除了会受到经营者能力和努力程度的影响外，还会受到企业条件、外部环境等多方面因素的影响。因此，当前对于经营者的业绩同那一个指标进行“挂钩”的问题还没有一个统一的结论。这就需要企业在对权重重新进行设置的时候要对不同企业在同一指标下的权重问题综合进行考虑，这时的评估方法就可以采用头脑风暴法，由专家先对指标进行打分，然后再将其放在典型行业内以检验其准确性，最后就可以将其作为行业指标权重运用于那些相同或是相近的行业之中，避免出现仅仅凭借指标权重就确定行为的情况出现。

(2) 评估模型的创新。将在评估的过程中综合运用统计分析方法、企业管理所使用的一些模型，以及借鉴边缘学科而形成的方法体系。在综合运用各种方法的基础上，可以进行横向的比较，由此来对其可行性进行分析。并且还要对适合于不同的企业所采用的方法进行探索，以促进评估方法的准确性和有效性。最后，在此基础上提出相关的模型检验。

第七章　企业员工薪酬体系的设计与福利保障

薪酬管理是对人的管理，对人的管理实质上是让别人去做管理者想让他做的事，而要被管理者去做管理者想让他做的事，除非建立一种机制，使被管理者的行为符合管理者的要求，这样管理才能成功。传统的薪酬管理，仅具有物质报酬分配性质，很少考虑被管理者的行为特征。现代薪酬管理将薪酬视为激励劳动效率的主要杠杆，不仅注重利用工资、奖金、福利等物质报酬从外部激励劳动者，而且注重利用岗位的多样性，工作的挑战性、取得成就、得到认可、承担责任、获取新技巧和事业发展机会等精神报酬从内部激励劳动者，从而使薪酬管理过程成为劳动者的激励过程。劳动者在这种薪酬管理体系下，通过个人努力，不仅可以提高薪酬水平，而且可以提高个人在企业中的地位、声誉和价值。在传统的薪酬管理模式中，劳动与薪酬之间的这种激励机制注重的很不够，如传统的等级工资制、岗位工资制等，虽然工资收入在同级不同档次，或不同级别之间存在差别，这种差别也能激励劳动者在企业内部沿着一种纵向的结构攀登，但这种激励机制存在明显的缺陷，表现在：它只注意了物质激励，忽视了精神激励；只考虑了一个企业内的薪酬差别，没有考虑外部环境变化对劳动者薪酬多少的影响；只考虑了雇主和管理者的需要，没有考虑员工和被管理者的行为方式。特别是后来在执行的若干年中，由于将工资视为保障劳动者基本生活水平的工具，劳动与报酬之间的关系日益淡化，激励机制也日益丧失，最终演变成了干多干少一个样的“大锅饭”。

员工坚持工作的时间越长，他们就越熟练，这对生产力产生巨大影响，直接影响了企业盈利的方式，经验丰富的员工也会减少代价高昂的错误。通过培养专注于员工福利的真正关怀氛围，企业不仅保留现有员工并获得新员工，这种福利意识创造了具有非常积极关联的品牌意识。员工福利对每个人都有道德和财政意义。福利措施的重要好处可归纳为：为员工提供更好的身心健康，从而促进健康的工作环境。住房计划，医疗福利以及员工家庭的教育和娱乐设施等，有助于提高他们的生活水平。这使员工更加注重工作，从而提高他们的生产力。企业主通过提供福利设施获得稳定的劳动力，员工们对工作充满兴趣，并以一种参与的方式工作。员工福利措施提高了企业的生产力，促进了健康的产业关系，从而维持了工业和谐。

第一节　薪酬管理与合理的薪酬体系

一、薪酬

(一) 薪酬的构成

1．工资

工资是薪酬的最基本和最主要的构成要素，它是企业支付给员工的一种较为稳定的经济报酬。一般来说工资主要可以分为：固定工资、计时工资和计件工资三种。

(1) 固定工资。固定工资是指企业每周、每月、每季度或每年的固定日期支付给员工相对固定数量的金钱，固定工资水平的高低与企业的性质和经营效益有直接的联系。

(2) 计时工资。计时工资是指企业根据员工的实际工作时间(一般以小时为单位) 支付给员工较为稳定比例的金钱。一般来说，计时工资主要应用于兼职性质的工作，比如钟点工。

(3) 计件工资。计件工资是指企业根据员工完成的任务多少支付给员工较为稳定比例的金钱。最初计件工资多应用于劳动密集型行业的一线操作岗位，但是随着市场经济的不断成熟，现在越来越多的企业开始采取计件工资(绩效工资) 制度来激发员工的工作积极性。

2．奖金

奖金是指由于员工杰出的表现或卓越的贡献，企业支付给员工工资以外的金钱。奖金也是薪酬的一个重要组成部分，并且承担着提高员的工企业忠诚度和增强其企业文化认同感的重要作用。

3．佣金

佣金是指由于员工完成某项任务(常常以金钱作为基数单位) 而获得的一定比例的金钱，可以认为是奖金的一种形式。佣金也可以叫作提成，是在销售领域采用比较普遍的一种薪酬制度。

4．福利

福利是指企业为员工提供的除金钱之外的一切物质待遇。福利可以保持员工工作和生活的愉悦，大部分的福利会为员工的生活和工作带来一定的便利或者享受。

5．激励因素

激励性因素是指企业为员工提供的、能激励员工为了达成企业目标努力工作的一切事物，激励因素包括物质激励因素和精神激励因素两种。

(二) 薪酬的作用

1．吸引人才

在市场经济中，追求更高水平的经济利益不仅是企业的根本追求，用时也是求职者或者企业员工选择工作的一个主要原因。因此，在这种价值导向下报酬无疑是吸引人才的有效工具，但这并不意味着企业提供的工资越高越能吸引到优秀的人才，而是报酬系统的完备与优秀才一定能吸引更多的人才。

2．留住人才

在工作企业给予员工的工资是对其价值的直接体现，一个优秀的薪酬系统如果想要为企业留住人才，应该使员工认识到：在该企业中工作时间越长，工作越努力，工作绩效越好，个人的价值越能得到体现，获得的薪酬也就越优厚。

3. 激励人才

薪酬可以使人才为实现企业目标努力工作，这也是薪酬系统是否有效运作的一个主要检验指标。优秀的报酬系统应该促使每个员工都能自觉地为企业目标努力工作。

4. 满足企业的需要

企业的一项基本目标是以较低的成本来获取合理的利润，一个优秀的报酬系统应该是一个双赢的利益获取系统，其最基本的表现就是既能够满足员工的需要，又能充分体现企业的意志。

二、薪酬管理

(一) 企业薪酬管理的内容

企业薪酬管理，就是企业管理者对本企业员工报酬的支付标准、发放水平、要素结构等内容进行确定、分配和调整的过程。从内容上来说企业薪酬管理主要包括，确定薪酬管理目标、选择薪酬政策、制定薪酬计划、调整薪酬结构等四个方面。

1. 确定薪酬管理目标

薪酬管理目标的确定，是以企业制定的人力资源战略规划为基础的，具体来说薪酬管理目标应该遵循以下三个原则：

(1) 建立稳定的员工队伍，吸引高素质的人才；

(2) 激发员工的工作热情，创造高绩效；

(3) 努力实现企业目标和员工个人发展目标的协调。

2. 选择薪酬政策

薪酬政策，就是企业管理者对企业薪酬管理运行的目标、任务和手段的选择与组合，也就是企业在薪酬制度上进行确定的基本策略。薪酬政策主要包括以下三个方面的内容：

(1) 企业薪酬成本投入政策；

(2) 根据企业的自身情况选择企业合理的工资制度；

(3) 确定企业的工资结构以及工资水平。

3．制定薪酬计划

薪酬计划包括企业预计要实施的员工薪酬支付水平、支付结构及薪酬管理重点等内容，是企业薪酬政策的具体化，是薪酬目标能够顺利实现的基础。企业在制定薪酬计划时要坚持与企业目标管理相协调以及以增强企业竞争力为目标两个基本原则。

4．调整薪酬结构

薪酬结构，就是员工之间的薪酬水平以及员工薪酬构成要素之间的构成比例。薪酬结构具体地讲包括以下三个方面的内容：

(1) 企业工资成本在不同员工之间的分配；

(2) 职务和岗位工资的确定；

(3) 员工基本、辅助和浮动工资的比例以及基本工资及奖励工资的调整等。

(二) 影响企业薪酬管理的因素

1．外在环境因素

(1) 国家的相关政策与原则。为了保障广大工薪阶层的根本利益，我国企业员工的工资报酬由国家有关法律进行宏观调控性的调整。概括起来，我国工资报酬制度的基本原则主要有以下几个。

1) 多劳多得的按劳分配原则；

2) 坚持在发展生产、提高劳动生产率的基础上，遵循兼顾国家、集体以及个人利益的原则，逐步提高员工的工资报酬水平；

3) 工资标准的确定和工资的增长，应全面考虑各方面的关系，统筹兼顾、适当安排，以处理好各种差别，增强劳动群众之间的团结，鼓励员工提高技术，促进劳动生产率的不断提高；

4) 努力做好政治思想工作，坚持精神鼓励与物质奖励相结合的原则；

5) 各企业员工工资的变动应上报各级财政主管部门，以便国家掌握对国家财政收支的宏观调控。

(2) 劳动力市场的供求状况。在市场经济条件下，劳动力市场的供求状况直接影响着员工对其报酬的期望。劳动力市场的供求状况是调整劳动力流向，进而调节报酬水平的重要杠杆。由于我国社会主义市场经济体制尚在建立和完善过程中，劳动力市场的发育尚不够完善，劳动力市场的供求状况对企业报酬的影响，目前还不够直接或明显。随着社会主义市场经济体制的最终确立，劳动力市场的供求状况对报酬的影响将会越来越明显。

(3) 居民生活水平。企业在制定报酬制度的时候，必须考虑居民的生活水平。虽然企业的收入水平相对较高，但客观上与居民生活水平存在着比较关系，企业把自己的报酬水平确定在什么标准上，以及与社会居民的收入水平、生活水平是什么样的比较关系，是企业管理者在制定报酬制度时需要考虑的因素。

2．企业内在因素

企业内在因素对企业的薪酬管理具有最直接的影响，例如企业的财务能力、预算控制、薪酬政策、企业规模、企业文化、比较工作价值、竞争力、公平因素等。这些因素直接影响着企业的薪酬水平，特别是影响那些非固定收入水平，如奖金、福利等。

3．个人因素

每个人都具有不同于他人的个人特质，年资、绩效、经验、教育程度、发展潜力、个人能力等个人要素的差异对员工的薪酬水平具有很大的影响。

（三）薪酬管理的原则

1．战略导向原则

战略导向原则强调企业薪酬管理必须从企业战略的角度出发，制定符合企业发展战略的薪酬政策和制度。薪酬管理可以驱动和鞭策那些有利于企业发展战略的因素的成长和提高，同时使那些不利于企业发展战略的因素得到有效的遏制、消退和淘汰。因此，企业在实施薪酬管理时，必须从战略的高度，对哪些因素重要，哪些因素不重要进行分析，通过一定的价值标准，给予这些因素一定的权重分析，同时确定它们的价值分配即薪酬标准。

2．激励性原则

薪酬管理的最终目的就是要激发员工的积极性，充分发挥出他们的潜能。例如，同样是发放10万元，一种方式是发4万元的工资和6万元的奖金，另一种方式是发6万元的工资和4万元的奖金，激励效果完全是不一样的。激励作用原则就是强调企业在实施薪酬管理时必须充分考虑薪酬的激励作用，即薪酬的激励效果，要充分考虑各种影响因素，使薪酬的支付获得最大的激励效果。

3．公平性原则

行为学家认为，员工会对自己的付出与收获进行比较，甚至与其他人比较。如果他的所得与他的付出不相符合，他的积极性就会被打击。这里所指的公平主要是指同工同酬，不同工不同酬。这句话的意思是指在企业内部及该行业中，相同资历、相同职务、相同付出应该获得同等报酬；不同资历、不同职务、不同付出应该获得不同报酬。

4．竞争性原则

企业的薪酬要想能够吸引并保留住人才，就必须保证企业的薪酬水平在市场上具有一定的竞争力，否则企业将无法吸引和留住企业发展所需的战略、关键性人才。

5．经济性原则

企业在进行薪酬管理时必须充分考虑企业本身的实际情况，进行成本分析与控制。它主要包括两个方面的含义，短期来看，企业的销售收入扣除各项非人工费用和成本后，要能够支付起企业所有员工的薪酬；从长期来看，企业在支付所有员工的薪酬，即补偿所用非人工费用和成本后，要有盈余，这样才能支撑企业追加和扩大投资，获得企业的可持续发展。

6．合法性原则

法律是保障整个人类社会正常运转的保障，具有最高的权威性和严肃性，所有的社会活动必须在法律允许的范围内进行。因此，企业的薪酬管理政策要符合国家法律和政策的有关规定，例如遵守《劳动法》中最低工资标准等基本的法律条款，保障薪酬管理的合法性。

三、职位薪酬体系

（一）职位薪酬体系的概念

职位薪酬体系是目前在世界范围内应用最为广泛的一种薪酬管理制度。职位薪酬体系是企业根据职位本身的客观条件来决定承担某一职位工作的员工在该岗位获得与其能力和劳动价值相当的薪资报酬的薪酬管理和制度。职位薪酬体系并不是新近产生的，它具有比较长的应用时间和丰富的应用实践，其最大的特点是“按劳分配”。

除了职位薪资体系以外，技能薪资体系和能力薪资体系也是经常被企业采用的两种薪资体系。与职位薪酬体系不同，技能薪资体系和能力薪资体系更看重员工在工作岗位上的工作表现和实际的工作绩效。职位薪酬系统是建立在每一个职位上的人都能恰好具备完成工作的能力这个基础之上的，但是由于员工个人能力的差异，这种状态不能够真正意义上实现。这是因为员工不能胜任工作，或者实际的工作能力超过岗位要求的情况十分普遍。

（二）职位薪酬体系的优缺点

1. 职位薪酬体系的优点

职位薪酬体系具有以下三个方面的优点：

(1) 实现了真正意义上的同工同酬，因此可以说是职位薪酬体系是一种真正按劳分配的薪酬制度。

(2) 职位薪酬体系是按照职位对员工的薪酬进行管理的，管理过程比较简单，管理成本较低。

(3) 晋升和基本薪酬增加之间的连带性加大了员工提高自身技能和能力的动力。

2. 职位薪酬体系的缺点

职位薪酬体系具有以下两个方面的重要缺陷：

(1) 薪酬与职位的挂钩这一做法导致员工在没有获得职位晋升之前的薪酬水品可能会长期处于一个水平，不利于激发员工的积极性。

(2) 过度的追求稳定导致员工薪酬难以适应多变的外部经营环境，这对员工的激励造成了一定的困难。

四、职位薪酬体系实施的前提

企业在实施职位薪酬体系时需要具备一定的客观条件，如果企业实施职位薪酬体系的条件不成熟却强制施行的话，有可能会引起员工的不满或者人力资源成本的增加，从而影响企业的正常经营。一般来说，企业在施行职位薪酬体系之前需要对以下几个方面的情况做出评价，以考察企业所处的环境是否适合采用职位薪酬体系。

(一) 职位的内容是否明确、规范

职位薪酬体系的一个最基本要求就是纳入职位体系的工作职位是否是明确的、具体的。因此，企业必须保证纳入职位体系的各项工作有明确的工作内容、专业的技能要求以及明确的岗位职责，同时还必须保证这些职位所面临的工作难点也是具体的、可描述的。换句话说，企业在实施职位薪酬体系之前必须进行职位分析。

(二) 职位的内容是否稳定

只有当职位的内容保持基本稳定的时候，企业才能使工作的序列关系有明显的界限，不至于因为职位内容的频繁变动而使职位薪酬体系的相对稳定性和连续性受到破坏。

(三) 是否是按个人能力安排职位及工作岗位的机制

由于职位薪酬体系的最基本特点就是根据职位本身的价值向员工支付报酬，因此，如果员工本人的能力达不到岗位需求，其所创造的价值就难以与职位本身价值相匹配，这种情况的直接后果就是薪酬支付不公平的产生。因此，企业必须能够保证按照员工个人的能力来安排适当的职位，既不能存在能力不足者担任高

等级职位的现象，也不能出现能力较强者担任低等级职位的情况。如果员工的个人能力在积极的工作中得到了提高，那么企业应该考虑给予其更高薪酬待遇的工作岗位。

(四) 是否存在较多的职级

在实施职位薪酬体系的企业中，无论是比较简单的工作还是比较复杂的工作，职位的级数应该比较多，因为这是保证企业能够为员工提供一个随着个人能力的提升从低级职位向高级职位晋升的机会的结构保障。如果企业的职位等级比较少，那么大批能力得到提升的员工就难以得到提升，这会导致员工的工资增长渠道被阻塞，这对员工积极性的损害是巨大的。

(五) 薪酬水平是否够高

因为即使是处于最低职位级别的员工，也必须能够依靠其薪酬来满足基本的生活需要。如果企业的总体薪酬水平不高，职位等级又很多，处于职位序列底层的员工所得到的报酬就会非常少。

五、职位薪酬体系设计的基本流程

企业薪酬体系的建立不是一朝一夕能够完成的，并且也不能只靠理论和封闭的思考来完成。企业薪酬体系的建立应该遵循事物发展的基本规律，一般来说，企业薪酬体系的建立需要完成以下几项工作。

(一) 职务分析

职务分析是企业薪酬管理体系设计的基础工作。一般情况下，员工的工资都是与自己的工作内容、工作责任、任职要求等要素紧密相关。因此，企业在进行薪酬体系的设计时根据员工的岗位职责、工作内容、法定权利、任职要求等因素，科学而合理地制定薪酬的发放制度和薪酬水平。这个价值是通过科学的方法及工具的分析而来的，能够从基本上保证薪酬的公平性和科学性，也是破除平均主义的必要手段。

（二）岗位评价

岗位评价是指企业在对所有岗位的工作价值和贡献进行科学分析的基础上，通过分类法、排序法、要素比较法和要素点值法等方法对岗位的薪酬水平进行排序的过程。岗位评价在现代薪酬管理体系中是一个非常关键的环节，因为它决定着企业的薪酬制度激励和约束作用是否能够完美的发挥。

（三）市场调查

任何制度或者管理措施的制定都是建立在科学的市场调查的基础之上的，因为科学的市场调查是企业保证所做出的决策或制定的管理措施具有可行性的基础环节。充足的市场调查可以使企业的薪酬水平保持足够的竞争力，并且通过调查可以全面了解现阶段求职者或者在职员工对本行业的薪资期待。企业的薪酬体系要达到这个目的，就必须在薪酬体系设计之初进行详细的薪酬市场调查，摸清行情，相机而动。

（四）方案规划

在完成了职位分析、岗位评价以及市场调查之后，企业掌握丰富的决策信息，这时企业要做的就是在科学分析这些信息的基础之上，完成薪酬体系设计方案的草拟工作。薪酬体系方案的草拟就是企业在对各项资料及情况进行深入分析的基础上，运用人力资源管理的知识开始薪酬体系的书面设计工作。薪酬体系方案的规划，是企业对薪酬管理体系做出的初步规划，虽然方案本身可能会存在不少瑕疵，但是基本确定了企业薪酬体系设计的整体思路。

（五）方案测评

通过上面的介绍我们知道，企业薪酬的草拟方案只是企业对薪酬体系进行的初步设计，如果想要真正实施，还必须要经过严格的评估和检测。薪酬设计体系草拟方案测评的主要目的是通过模拟运行的方式来检验草案的可行性以及操作性，并根据其相关内容的设定预测薪酬体系设计草案的实际效果，对不合理的地方进行修正。

（六）方案的宣传和执行

经过认真测评以后，对测评中发现的问题和不足进行调整，然后在企业内部对薪酬方案进行必要的宣传或调整。薪酬方案不仅要得到企业中上层的支持，更应该得到广大员工的认同。经过充分的宣传、沟通和调整，薪酬方案即可进入执行阶段。

（七）反馈修正

薪酬方案虽然经过细致缜密的测评，但是由于企业经营环境的复杂性和多变性，方案的制定这不可能考虑到执行细节当中的每个方面。因此，在方案的执行过程中，企业有必要对计划外的因素以及实施效果进行及时的反馈和修正调整，这样才能保证企业的薪酬体系长期且有效地得到实施。

企业薪酬体系设计是关系到企业经营和管理方式的重要工作，同时是一项事关企业发展的复杂工程，企业在进行薪酬体系必须具有充分的灵活性、全面性才能保证薪酬的公平性和科学性，充分发挥薪酬机制的激励和约束作用，使薪酬体系成为一种完成企业目标的强有力的工具。

第二节　现代经济背景下企业薪酬管理的发展分析

一、技能薪酬

（一）技能薪酬的内涵

技能薪酬是指企业根据企业每一个员工所掌握的与工作有关的技能、能力支付基本薪酬的一种薪资报酬制度。技能薪酬制度有其比较固定的适用领域，一般来说工作内容比较具体并且能够被清晰界定出来的操作性工作岗位、技术岗位以及办公室行政等岗位适合采用技能薪酬制度。在技能薪酬体系中，员工所获得的薪酬是与知识、一种或多种技能以及能力相关，而不是与职位联系在一起的，可以说这是技能薪酬的基本特点。

技能薪酬制度对员工技能的要求主要有三个维度：

(1) 深度技能(Depth of Skill) 。深度技能是指员工掌握了与完成同一种工作有关的更多、更深的知识和技能。

(2) 广度技能(Horizontal of Skill) 。广度技能是指任职者在掌握本职位技能之外，还掌握了其他相关职位所需的技能。

(3) 垂直技能(Vertical of Skill) 。是指员工能进行自我管理，掌握与工作有关的计划、领导、团队合作等技能。

(二) 技能模块的等级定价

对技能模块进行定价实际上就是根据员工具备的技能水平确定每一个劳动单位的货币价值。技能模块的定价时技能薪酬的关键环节，并且其重要性得到了广泛承认，但是由于不同企业实施调价的差异至今也没有一种标准的技能等级定价方法。虽然技能模块定价并没有统一的实施标准，但是经过不断地摸索我们总结出了技能模块定价的两个基本特点，即确定技能模块的相对价值以及是定对技能模块定价的机制。

通常情况下，我们可以按照下面几个方面的维度来确定技能模块之间的相对价值：

1. 失误造成的后果

失误造成的后果是指由于技能发挥失误所导致的财务、人力资源以及企业后果。工作失误对于企业整体工作的影响有大有小，一般来说对于那些一旦失误会对企业造成重大影响的岗位，企业会对任职者进行严格的要求，其薪酬水平相对较高；相反，如果工作失误对企业的整体工作影响不大，那么其薪酬水平会相对较低。

2. 工作性质的重要性

工作性质的重要程度是指技能对于完成企业认为非常重要的那些工作任务的贡献程度。比如，对销售企业而言，销售岗位的工作必然居于企业各种职位的首要地位；对于影楼而言，摄影师的工作显然是最为重要的。

3. 基本人力资源水平

基本人力资源水平是指学习一项技能所需要的基本的数学、语言以及推理方面的知识。如果一项工作所需要的各方面的知识涉及面越广，那么其工资水平越高；相反如果工作需的知识面比较窄，并且是最基础的知识，那么其薪酬水平将会越低。

4. 工作或操作的水平

工作或者操作的水平是指工作中所包括的各种技能的深度和广度，其中包括平行工作任务和垂直工作任务。

5. 监督责任

监督责任是指在该技能等级上涉及的领导能力、小组问题解决能力、培训能力以及协作能力等范围的大小。

在对技能模块进行定价时，由于确定依据和标准的不同，其结果也各不相同。表 7-1 和图 7-1 分别是两种不同的定价模式。

表 7-1　技能薪酬定价表

技能等级	机械技能	团队合作技能	通用技能
三级技能	1 550 元(增加 200 元)	500 元	已经包括在本等级的技能价格之中
二级技能	1 350 元(增加 200 元)	500 元	已经包括在本等级的技能价格之中
一级技能	1 150 元(增加 200 元)	500 元	已经包括在本等级的技能价格之中
学徒起薪	10 元 / 小时		

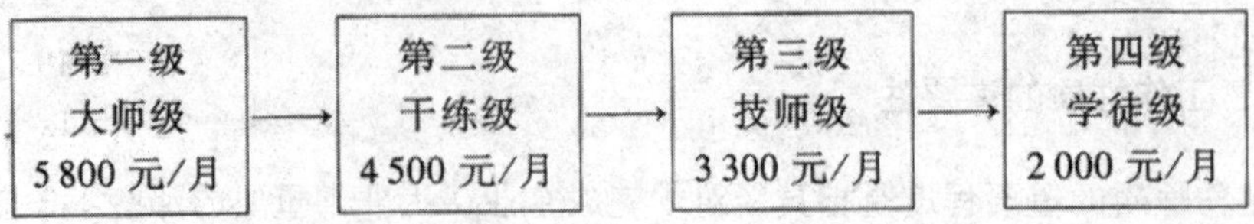

图 7-1　某企业生产操作人员工资图示

二、能力薪酬

（一）能力薪酬内涵

能力薪酬，有一部分学者称为胜任力薪酬，它是根据驱动一个人产生优秀工作绩效的各种个性特征的集合确定员工薪酬水平的一种薪酬管理制度。能力反映的是可以通过不同方式表现出来的个人的知识、技能、个性与内驱力等，员工的个人能力是其干好本职工作的基础，因此根据能力来确定员工的薪酬水平具有一定意义上的公平性。

（二）员工能力类型

因为生活环境、教育经历、工作经验等因素的影响，每个员工都有自己独特的个人能力，一般来说主要可以分为以下几种(见表 7-2) 。

表 7-2　员工能力模型类型及释义

模型类别	模型释义
核心能力模型	核心能力模型是适用于整个企业的能力模型，是用来界定企业各层各类人员所通用的核心素质，适用于整个企业
职能能力模型	职能能力模型是指围绕关键业务(财务管理、市场营销、生产制造) 职能建立起来的能力模型，适用于特定领域
角色能力模型	角色能力模型适用于在一个企业中的某些人所扮演的特定角色，比如技师、经理等，适用于以团队为基础的企业
职位能力模型	职位能力模型因为是指适用于单一类型的职位的能力模型，适用的范围最狭窄

三、绩效奖励薪酬

（一）绩效奖励的内涵

所谓绩效奖励薪酬，是指企业员工的薪酬不固定，而是随着个人、团队或者企业绩效的某些衡量指标的变化而变化的一种薪酬制度。绩效奖励薪酬是建立在对员工行为及其达成企业目标的程度进行评价的基础上的，对于强化企业规范，激励员工具有极为积极的意义。

（二）绩效奖励的类型

1. 绩效加薪

绩效加薪是将基本薪酬的增加与员工在某种绩效评价体系中所获得的评价等级联系在一起的一种绩效奖励计划。通常是在年度绩效评价结束时，企业根据员工的绩效评价结果以及事先确定下来的绩效加薪规则，决定员工在第二年可以得到的基本薪酬。绩效加薪所产生的基本薪酬增加会在员工以后的职业生涯——在同一个企业中连续服务的年限中得到累积。

绩效加薪计划的三大关键要素是加薪的幅度、加薪的时间以及加薪的实施方式。

加薪的幅度主要取决于：

(1) 企业的支付能力；

(2) 企业的薪酬水平与市场薪酬水平的对比关系；

(3) 员工所在的管理层级以及企业内部相对收入水平高低等因素。

从时间上来看，绩效加薪属于短期的绩效奖励类型。一般来说绩效加薪的时间为每年一次，特殊情况也可能会出现半年一次或者两年一次的现象。绩效加薪的实施方式主要有两种，一种是基本薪酬累积增长的方式，另一种是一次性加薪。

2. 一次性奖金

一次性奖金是一种非常普遍的绩效奖励计划，从应用的频率和范围上来说，它是绩效奖励薪酬管理模式最常见的一种形式。广义上来讲，一次性奖金也可以归属于绩效加薪，但却不是在基本薪酬基础上的累积性增加，而是一种一次性支付的绩效加薪。

3. 月 / 季度浮动薪酬

在绩效加薪和一次性奖金两种绩效奖励方式之间还存在一种这样的奖励方式，即根据月或者季度绩效评价结果，以月绩效奖金或季度绩效奖金的形式对员工的业绩加以认可。在实际执行的过程中，员工个人应当得到的绩效奖金往往还要与其所在的部门的绩效挂钩。

第三节　员工福利的意义认知与合理把控

一、福利概述

（一）福利的概念

1．狭义的福利

狭义的员工福利又称为职业福利或劳动福利，它是企业为满足劳动者的生活需要，在工资收入之外，向员工本人及其家属提供的货币、实物及一些服务。狭义的福利包括两个层次层的含义：

(1) 为了保障企业员工能够享受到基本的福利待遇，政府通过立法形式对企业做出了强制要求。这一部分福利我们称为法定福利，主要包括企业为员工提供的养老保险、失业保险、医疗保险、工伤保险以及生育保险也就是我们平时所说的“五险”。

(2) 企业为了提高员工的忠诚度，为将来的发展打下坚实的人才基础，而向本企业员工提供的福利，称为企业福利。企业福利的方式比较灵活和自由，如集体福利、人寿保险、儿童看护计划、健康服务等。

2．广义的福利

广义上的福利比狭义的福利具有更广阔的外延，主要包括三个层次的内容：

(1) 政府提供的文化、教育、卫生、假期、社会保障等公共福利和公共服务。

(2) 企业兴办的各种集体福利以及企业根据自身情况针对个人的福利措施。

(3) 工资以外的其他收入，如企业为员工个人及其家庭所提供的实物帮助以及教育、交通、通讯等生活补助。

（二）福利的特点

1．补偿性

福利不与员工的绩效挂钩，可以说福利是企业对劳动者提供的一种无偿性的补偿奖励，从其发放的目的来看，福利是对员工薪资的补充和完善也是一种无偿性的奖励。福利的补偿奖励不一定是货币形式实现，考虑到福利发放的公平性，企业不宜以个体的形式支付，以免影响员工的积极性。

2．均等性

均等性是福利在法律上表现出来的突出特征，其具体含义是，履行了劳动义务的本企业员工，均有享受各种企业福利的权利。由于员工个人能力和素质的差异，不同员工的薪资收入肯定有所不同，适当的薪资差距可以刺激员工的上进心，但是差距过大会对员工的积极性和企业的凝聚力产生不利的影响，企业必须在其他方面对落后的员工进行激励并对收入差距进行调整。员工福利的均等性特征，在一定程度上起着平衡劳动者收入差距的作用。

3．集体性

前面我们也提到了企业福利不应该单独发放，因此企业会开发集体福利事业，让所有员工均等的享受企业福利带来的好处和便利，集体性是企业福利的一个重要特征。企业开发集体福利不但保证了福利的平等性还可以强化员工的团队意识和对企业的归属感。

（三）福利的类别

1．集体福利

集体福利的创办主体是企业或社会公共服务机构，他们通过一定的经济投入为员工提供集体享用的福利性设施和生活服务，保障员工的生活的健康和愉悦，如单位宿舍、集体生活设施和服务、带薪休假、免费旅游等都属于企业集体福利的重要内容。

2. 个人福利

员工个人福利主要是指以货币形式直接支付给员工个人的经济补贴。个人福利是企业吸引人才的一种重要手段，常见的个人福利主要包括：探亲假期、工资补贴、旅费补贴、交通费补贴、取暖补贴、伙食补贴、通讯费补贴以及婚丧假和年休假工资等。

员工个人福利是企业与员工签订劳动合同或者企业内部劳动规则中进行确认的额外待遇，劳动法对此并没有进行明确的规定。

通过对集体福利和个人福利介绍我们可以知道，企业福利的内容丰富且不尽统一，企业福利和企业规模与经营效益有很大的关联，通常大型或效益较好的企业比较重视员工的福利待遇，费用支出比例高；小型企业或者效益欠佳企业，员工福利待遇相对较差。

二、福利管理

福利是企业薪酬的重要构成部分，反映了企业的目标、战略以及文化和价值取向，因此，企业必须意识到福利对企业管理的重要意义。很多企业没有专门的福利管理制度，这些企业虽然在福利方面投入了大量的人力和物力，但是效果却并不理想，企业的优秀人才仍然难以挽留，并且高额的福利支出导致企业的成本上升，企业效益出现了下滑。一般来说，福利的管理主要包括目标管理、成本核算、福利的沟通、福利的调查和福利的实施等五个主要内容。

(一) 目标管理

每个企业所处的内外部经营环境都有很大的差异，就福利目标而言也不尽相同，但是有些内容是相似的。主要包括：

(1) 福利目标必须与企业的总体战略目标相符合。

(2) 以满足员工的需求为基本出发点；

(3) 符合企业薪酬管理制度的要求；

(4) 将员工的短期需要和长远需要相结合；

(5) 能激励大部分员工；

(6) 福利规模不能影响正常生产，应该在企业的承受能力范围之内；

(7) 符合当地政府的相关政策以及法律要求。

(二) 福利的成本核算

获取利润是企业进行经营活动的主要目的，福利会产生额外的支出形成企业的经营管理成本，研究这些成本是否会对企业的盈利水平造成过大的影响，是福利管理中的重要部分。一般来说，企业福利的成本核算主要涉及以及几个方面的内容：

(1) 企业财务部门需要通过销量或利润计算出企业最高的可能支出的福利总费用，以科学的方法确定福利的发放规模和发放水平。

(2) 为了保证企业在人才市场上的竞争力，企业福利还需要与其他企业，尤其是与竞争对手的福利标准进行比较；

(3) 做出主要福利项目的预算；

(4) 确定每一个员工福利项目的成本；

(5) 制定相应的福利项目成本计划；

(6) 尽可能在满足福利目标的前提下降低成本。

(三) 福利沟通

福利并不是发放标准越高，发放规模越大越好，而是要最大限度地追求员工的满足感，当然，要想知道员工到底想要什么必须要进行福利沟通。

一般情况下福利沟通可以采用以下几种方法：

(1) 用问卷法了解员工对福利的需求；

(2) 用录像带介绍有关的福利项目；

(3) 找一些典型的员工面谈了解某一层次或某一类型员工的福利需求；

(4) 公布一些福利项目让员工自己挑选；

(5) 利用各种内部刊物或其他场合介绍有关的福利项目；

(6) 收集员工对各种福利项目的反馈。

(四) 福利的调查

企业发放福利的目的是激励员工，增加员工对企业的忠诚度，企业在发放了福利之后是否达到了事前预计的效果，员工对企业发放福利的形式以及内容是否满意，企业应该如何对福利发放中的不足进行改正，都需要进行福利调查。所以，福利的调查对于企业的福利管理来说是一个必不可少的环节，一般情况下企业进行福利调查的形式有以下三种：

1．事前调查

制定福利项目前进行的调查我们称为事前调查。事前调查的目的主要是了解员工对某一福利项目的态度、看法与需求，以保证企业发放的福利能够最大限度地符合员工的需求，提高福利发放的效果。

2．年度调查

员工年度福利调查主要是为了解员工在一个财政年度内享受了哪些福利项目，各占比例多少，满意程度如何。企业的年度福利调查是企业进行福利分析的基础，也是企业制定下一年度福利发放计划的基础。

3．反馈调查

福利反馈调查，主要调查员工对某一福利项目实施的反应如何，是否需要进一步完善和改进。反馈调查也有一部分人称为满意度调查、事后调查，它是企业调整福利发的依据。

(五) 福利的实施

福利计划的制定为福利的实施提供了基本的执行依据，但是这并不代表企业能够顺利地实施自己的福利计划，除此之外，企业还需要在福利的事实过程中及时地调整自己的福利计划。一般来说，在福利实施过程中主要有以下几个方面的内容需要注意：

(1) 根据目标去实施；

(2) 预算要落实；

(3) 按照各个福利项目的计划有步骤地实施；

(4) 有一定的灵活性；

(5) 防止漏洞产生；

(6) 定时检查实施情况。

第八章　员工职业生涯管理创新研究

职业生涯的本质是在企业价值基础上员工个人价值的实现。职业生涯规划，从概念的提出，就存在两个出发点或者说两个主体，上述概念界定就是以企业利益为出发点，以企业为利益主体为员工进行职业生涯规划的概念界定。还有一个职业生涯规划的主体，就是员工个人，作为独立的个体，如何认清自身的优势、弱势，不断强化和完善自己，把握对外界纷繁的机会与挑战，通过若干阶段和里程碑目标的实现，最终实现个人的最终职业目标的过程，为企业以及社会带来一定价值，只是作为过程的一个副产品或者说周边目标。实际上，作为管理者一定要有目标设定的能力。某一项工作可能带来的收益是多方面的，必须实现的，或者有利于发起目标主体的是主目标，实现这项目标的过程和结果可能会带来的其他目标是周边有关目标！所有的目标责任主体，都应90%的资源和经历对主目标负责！这里强调这一点，让我们看到，同样是“员工职业生涯规划”，不同的出发点，却会导致截然不同的过程和结果。

企业应该甚至说必须积极主动地为员工进行职业生涯规划，这样做，至少会带来以下三方面的收益：将有助于企业吸引和留住优秀人才，低成本地满足不同发展阶段的用人需求，与员工建立共同目标提高员工满意度！

吸引和留住优秀人才，人力资源工作的终极目标就是要吸引和留住优秀人才。当期职场，员工除了获得报酬、福利之外，更为注重的是发展空间，及个人价值的实现，能够给员工更大发展空间的企业，才是员工愿意进入，愿意留下的企业。而对员工进行职业生涯规划的结果之一，就是在企业内部形成业绩驱动的机制，通过与企业的职业发展通道相结合，将最优秀者转变到更高层次，多方向快速提升。

第一节　职业生涯管理概述

一、职业生涯的定义

职业生涯通常也被称为职业发展，从定义上来看职业生涯有广义和狭义之分。

广义的职业生涯是伴随着职业兴趣的产生开始的，就业准备、职业选择、工作就职，直至最后完全退出职业这样一个完整的人生过程。因此，从广义上来说职业生涯从我们一出生就开始了一直持续到我们失去劳动能力。

狭义的职业生涯，仅指直接从事职业工作的这段时间，也就是从就业到退休这段时间。根据狭义的职业生涯定义，一个人的职业生涯是从接受职业教育培训开始到寻找职业，经过择业、就业直至完全脱离职业完成自己的整个职业生涯。

两种含义的职业生涯考察角度不同，但有共同的规律：

(1) 职业生涯是个体的行为经历，并且是个人的工作任职经历；

(2) 职业生涯规划与每个人的知识、技能、能力、兴趣、价值观等息息相关，又与企业提供自身的发展目标、政策、计划、机遇等紧紧相连；

(3) 职业生涯实质上是一段特殊的时间概念，并且由于个人的工作和性格特质的差异，每个人的职业生涯长短也不一样。

(4) 职业生涯是一个发展的动态的概念，包含了职业选择、发展以及变更的整个过程。

二、职业生涯的影响因素

(一) 内部因素

1. 职业取向

美国约翰·霍普金斯大学的著名的职业指导专家约翰·霍兰德教授将人的职

业性向分成六种，他认为“每个人的职业性向都有所区别，吸引着他们从事不同的工作的原因也不一样。实际上，大多数人拥有多种职业性向。有些职业性向较相似或相容，那么个人在选择职业时所面临的内在冲突和犹豫就会越少，反之，其在选择职业时将会面临较多犹豫不决的情况。”[①]

2. 个性特征

每个人都具有自身独特的气质、性格以及能力，这些特点造成了不同的人在同一工作契合性上的差异。理想的情况是，个人的特性能与工作性质和要求相匹配，比如外向的人可以做营销等沟通性较强的工作，内向的人适合做文秘等方面的工作。

3. 个人能力

由于教育水平和生活环境的差异，不同人的个人能力也存在很大的差异，就企业员工的个人能力而言，主要是指其劳动能力，即运用资源、技术和知识从事生产、研究、经营活动的能力，大体上这些能力可概括为体能、心理素质、智能三个方面。员工的体能、智能以及心理素质构成员工的综合能力，是其职业发展的基础，一般而言员工的个人能力越高其薪酬待遇越好，个人的发展空间越大。能力比较强的员工对自我价值实现、社会声望和地位的要求也比较高，因此其具有强烈的发展欲望。这个主观因素的影响下，员工会最大限度的开发自己的潜能，主动地去接受新事物、学习新知识，自我提升和完善的速度也会很快。所以，能力既对员工个体发展提出了强烈需求，又为个体发展的实现提供了可能条件，它是员工职业发展的重要基础和影响因素。

4. 人生阶段

在不同的人生阶段，人们的年龄、生理特征、心理素质、智能水平、社会负担、责任、主要任务等都不同，这就决定了人在不同的阶段有不同的追求和目标。青年时期人们更渴望高水平的经济，中年时会更多的追求自我价值的实现和满足，而到了老年，人们看中则是家庭生活的幸福，因此不同的人生阶段人们对职业发展的追求是不一样的，职业生涯发展规划的内容和重点也有所差异。

---

① 葛玉辉. 人力资源管理. 北京：清华大学出版社，2012.

(二) 外在因素

1. 社会环境因素

(1) 经济发展水平。社会经济的发展水平对企业的发展和个人的职业生涯规划和发展有着重要的影响。一般情况下经济发展水平高的地区，优秀企业集中，个人职业选择的机会就比较多，获得发展空间的机会也比较多；相反，如果该区域的经济发展水平比较滞后，那么个人的职业生涯发展就会受到很影响。

(2) 社会文化环境。社会文化环境对个人素质和能力有着重要的影响，我们所说的文化环境主要包括教育条件和水平、社会文化设施等。如果从小就生活在良好的社会文化环境中，受到良好的教育和熏陶，那么无论是从员工的知识水平还是道德修养都对其个人的发展十分有利。

(3) 政治制度和氛围。政治和经济是相互影响、相互制约的。政治制度不仅会影响到一国的经济体制，而且还会影响着企业组织形式和结构，从这一点来看，政治制度和氛围可以间接影响到个人的职业发展。另外，政治制度和氛围还会潜移默化地影响个人的追求、价值观念以及个人立场，而这些都是个人职业生涯规划和发展具有重要影响的要素。

(4) 价值观念。每个人都与周围的环境有着密切的联系，其社会价值观念的形成也必然会或多或少的受其影响。从某方面来说，大多数人的价值取向，都是由所处社会的主体价值所决定的并通过个人价值观来影响个人对职业发展的规划。

2. 生活圈因素

个人价值观和处事原则的形成在很大程度上受到周围朋友、同龄群体的影响，而这会导致个人在工作价值观、工作态度、行为特点等方面的偏好发生一定的改变，从而影响自己的职业生涯。

3. 企业环境因素

(1) 企业文化。企业文化是企业精神的集中体现，它决定着企业对待员工的策略和方式，从这一点我们也可以看出员工个人的职业生涯会受企业文化的影响。如果企业主张和鼓励员工参与企业管理，员工会获得更多的发展机会；相反，如果员工在一个独裁企业，即使其渴望发展、追求挑战，企业也很难为其提供相应的发展机会。

(2) 管理制度。员工的职业发展，最可靠的保障还是企业的管理制度，主要包括培训、晋升、考核以及奖惩等制度。企业价值观和经营哲学只有渗透到制度中，才能得到切实的贯彻执行，企业文化才能形成基础。如果企业制度订得不合理、甚至没有相关的制度，那么员工会对工作失去动力，因没有合理的职业发展规划，员工很难看到自己的未来，工作状态受到影响，最终将影响企业的发展。

(3) 领导者素质和价值观。一个企业的文化和管理风格与其领导者的素质和价值观有直接的关系，企业经营哲学往往也就是企业家的经营哲学。如果企业领导不重视员工的职业发展，员工也将失去发展的希望和动力。

三、职业生涯管理的角色和任务

员工个人、企业、管理者、人力资源经理都是职业生涯构成的重要组成要素，他们在职业生涯的开发管理中扮演着不同的角色，起着不同的作用，但是却共同担当职业生涯规划的任务，在整个职业生涯中每一方都应该负起自己的责任。粗略地说，企业应该提供学习和成长的制度和机遇；管理者应该进行沟通和鼓励，做好教练和辅导；个人则应该积极地确定自己的职业生涯目标并为之奋斗。

(一) 员工的角色与任务

在职业生涯规划中，员工应该对自己的职业生涯规划负最主要的责任，承担最主要的义务。员工为自己的职业生涯规划和发展创造更好的条件可以采取以下几种职业生涯管理活动：

(1) 对自己进行科学客观的评价，提出职业规划发展的问题；

(2) 主动从经理和同事那里获取有关自身优势及不足的信息反馈，及时改正不足；

(3) 明确自身的职业生涯发展阶段和开发需求，确定个人职业生涯目标并为实现这个目标进行自我完善；

(4) 抓住学习和提升自我素质的机会；

(5) 与来自企业内外不同工作群体的员工进行接触，提高自己对企业整体运作情况的认识；

(6) 接受培训；

(7) 咨询企业相关的职业生涯开发计划。

(二) 企业的角色与任务

企业本来就具有促进员工发展的职能，这一职能与企业的职业生涯管理有着密切关系，我们通常把这项工作称为人力资源规划。在人力资源规划中，企业为了保证自身发展的稳定性，会为其员工提供职业生涯发展所需的资源和条件。企业为促进员工发展而采取的措施主要有：

(1) 举办职业生涯研讨会。其目的是帮助员工理解和承担其在职业生涯管理中的角色，参加者是上下级。

(2) 提供职业和工作机会的信息。企业通过建立职业管理中心使员工能及时了解到企业职位空缺和培训计划的相关信息。

(3) 为员工提供其职业生涯开发所需要的资源，包括在岗工作经验、培训和开发机会。

(4) 编制企业员工职业生涯规划工作手册，通过一系列的练习、讨论增强员工对职业生涯规划的认识。

(5) 训练和激励管理者。企业通过合理的激励措施可以使被激励对象明确职业发展所需要的技能，刺激其主动地自我提升和完善。

(6) 企业邀请受过专业培训的顾问为员工提供职业生涯相关知识的咨询，帮助员工解决遇到的职业生涯管理问题。

(7) 明确职业生涯发展路径，规划工作序列。

(8) 将职业生涯规划这一比较零散的工作整合为一个全面的系统。

(三) 管理者的角色与任务

企业管理者要充分担负起自己作为员工职业生涯规划教练或者顾问的职责。一般情况下，企业的管理者在员工职业生涯规划中应该做好下面几项工作：

(1) 发现问题，倾听，确定需求，详细界定这些需求。

(2) 给出反馈，明确企业标准，确定企业职责，确定企业需求。

(3) 提供选择，协助设置目标，提出建议。

(4) 与职业管理资源联系，追踪职业生涯管理规划的执行情况。

(四) 人力资源管理工作者的角色与任务

人力资源管理者可以通过以下几个措施更好地帮助员工进行职业生涯开发活动。

(1) 从认识每个人的个性化的职业生涯开发。

(2) 创造信息系统和支持系统来保证个人的开发努力。

(3) 使相关的人力资源管理人员了解自己的责任，尤其是员工个人认识到自己在职业生涯管理中的重要作用，并动员员工的主管全面认识他们的下属，使其了解到自己在其职业生涯开发中的重要作用。

(4) 成为职业生涯开发和评估技术方面的专家。

(5) 成为专业的沟通专家，企业员工了解人力资源开发部或者人力资源管理部的职责和作用。

第二节 企业员工职业生涯的发展与管理

一、企业员工职业生涯的发展

(一) 职业发展阶段理论

职业发展阶段理论认为，人在职业生活的不同时期会有不同的需要，根据人在职业生活中遇到的普遍问题，可以将职业生活划分为若干个不同的阶段。

1. 工作准备阶段(0～25 岁)

工作准备阶段是从 0 到大约 25 岁的年龄段。在这个阶段中，大多数的人还没有正式参加工作，而是通过各种方式来接受教育，为确定职业取向和实际工作做准备。这一阶段主要有三个任务：第一，确定最初的职业取向；第二，接受一套系统的教育以利贯彻职业取向；第三，在经历少年期、青春期和成年期之后，形成适合自己发展的职业观念，这也是最重要的一项任务。职业观念的最终形成标志着工作准备阶段的结束。

2. 进入企业阶段(18～25岁)

进入企业阶段同工作准备阶段在一定程度上有重叠的地方，因为大多数人在接受高等教育的同时也开始通过多种非正式的工作接触社会，没有机会接受高等教育的人更是早已经进入了社会。这个阶段的主要任务是对工作和企业的选择，这将会对整个职业生活都产生重要的影响。学会适应和融入企业是十分重要的，学会如何去尽快适应比适应的结果本身更加重要，对未来的影响十分重要。

3. 职业早期阶段(25～40岁)

职业早期阶段的基本任务是在企业和职业中塑造自我。胜任现时的工作并力求在选定的具体领域内获得成功是其中的一项重要任务。这会直接影响到企业和自身对个人工作能力的评价和看法，对以后的职业发展起着十分重要的作用。这个阶段的另一项重要任务已经超出了工作的本身，即对成人世界的适应。在这个阶段，个体离开了家长和学校的庇护，结束了青少年时期的集体生活，开始步入成人世界。他们开始面对真正的挑战，学会承担责任，尝试自己应对多方面的问题，并寻找解决的办法。企业可以对员工给予咨询等形式的帮助，提供机会协助处于这一时期的员工找到新的良师益友，指导他们顺利度过适应期。通过对大量真实事件的研究发现，在职业早期得到企业真诚帮助的员工对企业会显示出更高的忠诚度。

4. 职业中期阶段(40～55岁)

职业中期是职业早期阶段向中期过渡的开始。职业中期的主要任务是对支配职业早期的生活方式进行重新确认，提炼出新的生活结构。新的生活结构可能会同原来的保持一致，也可能会有所不同。员工在这一阶段回顾已经实现的目标，并且决定今后还可以争取什么目标。

5. 职业晚期阶段(55 岁到退休)

职业晚期是职业生涯的最后一个阶段。在这个阶段里，人们不仅要对抗自然规律的衰老，仍旧保持工作中的创造性，而且还要充分做好离开工作岗位的准备。很多专家学者认为，职业晚期处理好坏是老年能否对抗衰老的重要因素。老年人会经常被看作是非一专多能的、没有创造力的、故步自封的和缺乏适应性的，这些偏见会严重降低企业员工的工作效率。实际上，只要这些员工能够像以前一样对待工作，再辅以成功的晚期职业管理，这些偏见是完全可以被打破的。

(二) “职业锚”理论

“职业锚”是从斯隆管理学院毕业生的纵向研究中形成的，指的是“自省的才干、动机和价值观的模式”。具体来说，职业锚是指新员工在早期工作中逐渐对自我加以认识，发展出的更加清晰全面的职业自我观。[②]

1. 自我观的内容

自我观主要包含三部分内容来共同组成“职业锚”。

(1) 自省的态度和价值观，指的是以自我与雇用企业，工作环境的准则和价值观之间的实际遭遇为基础；

(2) 自省的才干和能力，指的是以多种作业环境中的实际成功为基础；

(3) 自省的动机和需要，指的是以实际情境中的自我测试和自我诊断的机会，以及他人的反馈为基础。

2. “职业锚”的特点

(1) “职业锚”本身会发生变化。“职业锚”的概念倾向于寻求个人稳定的成长区域，但它不意味着个人会停止变化或成长。

(2) “职业锚”可能会在人们正式参加工作很多年之后才会被发现，也就是说，“职业锚”的确定需要各种情境下实践工作的反复检证才能最终确认。

[②] 胡君辰，杨林锋．企业人力资源管理．上海：格致出版社，2012．

(3)“职业锚”协调了能力、动机和价值观三方面的互动。人们可能对某个职业“情有独钟”，因此不断提高这个方面的能力，对这个职业的擅长将会使人们更加喜欢它。职业取向中单独的动机、能力、价值观概念的意义不大，但是将这三者组合起来就会产生重要的组合效应。

(4) 实践工作成果具有一定的偶然性，因此“职业锚”就不可能凭借各种测试来进行预测。“职业锚”是个人同工作环境互动作用的产物，在经过实际工作的多次确认和强化之后，才能成为“职业锚”的一部分。

3. “职业锚”的类型

(1) 创造型“职业锚”。这个类型的个体会时时想要追求建立或创造完全属于自己的成就。他们要求拥有绝对的自主权和管理能力，能充分施展自己的特殊才华，创造是他们进行自我扩充的核心。他们对创建新的企业，团结最初的人员，为克服初创期难以应付的困难而费尽心力。但在这个企业建成之后，他们就会厌倦或不适应正规的工作而退出领导层，自愿让位。成功的企业家大多都属于这种类型，而他们中的很多人却无法成为优秀的总经理。

(2) 安全稳定型“职业锚”。这种类型的人乐于追求稳定而又安全的前途，想要拥有安全的工作、体面的收入，有效的退休方案和津贴等。安全锚的人仰赖企业或社区对他们能力和需要的识别和安排，并且为此他们愿意冒险，也愿意高度服从企业价值观和准则。安全稳定型“职业锚”又可以分为两个类型：一种类型的人，安全感和稳定感来自给定企业中稳定的成员资格；而另外一种类型的人的安全感和稳定感则来源于，以地区为基础，包括一种定居、使家庭稳定和使自己同化的某一社团的感情。[③]

(3) 管理能力型“职业锚”。这个类型的个体是在职业实践中培养出来的，他们相信自己具备胜任管理所需要的技能和价值观。他们可能会在一个或多个职能区展现能力，但他们的最终目标是管理本身。他们一般会具有三种较强的能力组合：首先是感情能力，他们能够为感情危机和人际危机所激励，而不是被打倒，能承担重要的责任，而不是软弱无力，在使用权利时不会感到内疚或羞怯；其次是分析能力，在信息不全面或是不确定的情况下仍然能够准确地识别、分析和解

③ 胡君辰，杨林锋. 企业人力资源管理. 上海：格致出版社，2012.

决问题；再次是人际能力，能影响、监督、领导和操纵企业各级人员更有效地完成企业目标。

(4) 技术能力型“职业锚”。这个类型的人一般在做出职业选择和决策时，他们的主要精力会放在自己目前正在从事的职业内容或技术内容上。他们认为自己的职业成长只有在特定的技术或职能领域内才会不断地进步。这些领域包括财务分析、工程技术、系统分析、营销等领域。例如，一个技术职能型的财务分析员会希望成为企业的会计或审计员，他们的最高理想是成为某企业的财务副总裁。他们只会接受同自己的工作区域有关的管理任务，对全面管理则抱有强烈的抵触。

二、企业员工职业生涯管理的意义

(一) 低成本地满足不同发展阶段的用人需求

目标清晰的企业，对于什么阶段需要什么样的人才都会有一个规划。比如当前一个 50 人规模的软件公司，在第二年要实现收入的翻倍，这就需要有更多的项目团队和项目管理人员。项目经理这一层级的中层管理人员，其需求将从当前的 5 人增长到 8 人，而这未来需要增加的 3 人最佳来源，实际上就是现在从事开发、测试等岗位的软件工程师。如果企业没有这样的中期考虑，等到人力资源出现缺口的时候，紧急通过外部招聘等渠道，首先将消耗大量的招聘直接和间接成本，另外也不能预期很好的效果！

(二) 与员工建立共同目标提高员工满意度

企业要发展，要增加收入，需要更多的项目团队，更多的项目经理。员工层面，从普通员工成为项目经理，将有助于自己薪酬和福利的提高，更重要的是不同的工作体验和来自各方面的挑战，对于提升个人的综合能力，有着非常重要的作用。从而使员工进入到职业发展的另一个层次，建立向更高层次目标迈进的基础。通过员工职业生涯规划的过程，企业的目标得到实现，个人的利益得到兼顾，真正实现了双赢，有助于员工满意度的提高。

三、企业员工职业生涯的管理

（一）职业策划

职业策划是指在员工进行个人评估和自我评估中，给予他们一些有效的帮助，协助员工确认自身的能力、价值、目标和优劣势。

职业策划同职业计划既相互联系，又相互区别。职业计划中关于员工的自我评估不需要同特定企业相联系，他们在形式和准确性方面也有所不同，在时间上很难保持一致。职业策划会由企业中具有专业知识的人力资源部门向员工提供正规的帮助服务，确保员工评估在形式、时间、内容范围上的一致性和准确性。因此，职业策划同时和企业的需要保持有密切的关系。

（二）职业咨询

职业咨询指的是帮助被解职的员工找到合适的工作，或是重新选择职业，同时向他们提供一部分资助以帮助他们渡过职业转换期。

1. 职业咨询的意义

(1) 企业中无论是处于任何原因的解职行为，都会给员工带来严重的自尊心伤害和失业。企业在出于一定目的裁员之后，有责任对被解职的员工给以相应的物质和精神帮助。

(2) 在市场竞争越来越激烈的情况下，企业由于各种各样的原因，实行内部裁员或员工解职的情况越来越普遍。解职在企业中已经不是一个偶然发生的情况了，因此，需要建立针对这种情况的人力资源管理政策。

(3) 企业提供切实而富有人情味的职业咨询，可以维持企业同员工的感情直至双方契约关系的解除。善待企业的解职员工会增加留在企业中员工的忠诚度，将解职给企业带来的负面影响降低到最小。

2. 职业咨询的实施

(1) 企业实行的解职措施针对的只是企业内的少数人员，与其他人力资源业务相关程度不大，因此没有必要安排出专门人员随时实行服务。职业咨询的服务通常是由企业以外的职业中介机构来为解职员工提供，而企业本身则主要提供联系的渠道，并且支付相关的费用。

(2) 职业咨询提供援助的多少通常同员工在企业中的级别相对应。员工级别越高，对企业的贡献越大，工作的时间越长，能享受的帮助也就越多。企业在迫不得已的情况下进行裁员时，实行的待遇可能会出现不同的情况，级别低的员工因为工作经验少，再谋职业取向相对狭窄，就会更大可能获得培训和咨询类的援助服务。

(3) 退职费是为帮助员工克服职业转换期的财务困难而专门准备的。退职费的金额一般是员工一至两年的薪酬。长期在企业中工作的员工甚至可以得到企业若干年利润的分红部分，以保证今后能不受职业转换影响，领取全额的退休金。

（三）工作—家庭平衡计划

1. 工作—家庭平衡计划的重要性

工作—家庭平衡计划是企业帮助员工正确认识和看待家庭同工作间的关系，协调职业和家庭之间的矛盾，缓解由于工作—家庭关系失衡而给员工造成压力的计划。企业中的员工生活都是由职业生活和家庭生活共同组成的。家庭生活对每一个人来说都具有十分重要的意义，并且也会对员工的职业生活带来一定的影响。婚姻和父母的身份施加于个人的压力远远超出一项工作或职业的压力。工作与家庭间的潜在冲突对职业生活的影响甚至超过个人发展目标对职业的影响。

工作—家庭计划的目的是帮助员工找到工作和家庭需要中的平衡点。要达到这一目的，企业就必须了解家庭各阶段的需要、工作情境对家庭生活的影响，然后才能给予员工适当的帮助。

了解员工家庭的需要可以参考家庭发展周期理论。在一般情况下，单身员工的主要问题是寻找配偶和决定是否结婚组建家庭。婚后初期，员工所面临的家庭问题又变为适应两人生活、决定是否生育，做出家庭形式和财务要求的长期承诺。在家庭子女出生之后，开始体验为人父母的经验，担负起抚养和教育子女的责任成为首要任务。当子女成人后，他们不仅要适应空巢生活，而且又要开始为自己的父母提供衣食和财务上的照顾。这些家庭的需要会对员工产生很大的压力和责任，对员工的工作情绪和精力分配会产生一定的影响，有的甚至会形成强烈的职业方面的需要和工作动机，最终影响员工对工作的参与程度，从而导致工作效率的降低。

2．工作对家庭生活的影响

(1) 职业性质和家庭的相关性。有的职业，类似于种植、手工业等允许家庭同职业同步发展；而在办公室的工作、管理工作等，家庭对工作的参与就会很少；采矿、远洋作业等工作和家庭无法进行兼顾，家庭只能成为休养、恢复体力的场所。

(2) 工作中的压力和满意程度与工作氛围会直接影响家庭生活。

(3) 工作地理位置和行程，或由此带来的迁居是工作一家庭关系紧张的潜在因素。

(4) 工作占用的时间和时间如何分配对家庭生活具有明显影响。

(5) 从事的职业，担任职务的职业声望、地位与收入的数量和种类对家庭会形成直接的影响。

3．工作－家庭平衡计划的措施

在充分了解工作和家庭的相互作用之后，才可能制定出适当的、有效的工作－家庭平衡计划。家庭－工作平衡计划的主要措施包括：创造参观或联谊等机会，促进家庭和工作的相互理解和认识，向员工提供家庭问题和压力排解的咨询服务，把家庭因素列入考虑晋升或工作转换的制约条件之中，将部分福利扩展到员工家庭范围以分担员工家庭压力，以及设计适应家庭需要的弹性工作制以供选择等。非全日制工作制是最易行、最普遍的措施。在国外的很多企业，会针对一部分女性实行弹性工作制。装备手机、电脑、网络等现代化设备使家庭办公成为现实，最为常见的是实行半日工作制或是每周三日工作制。很多女性员工都愿意以部分业绩和薪金为代价，从而留出更多的时间给家庭和子女。非全职性的工作为她们兼顾家庭和工作提供了很好的机会。

第三节　员工的职业活动与职业生涯的变化趋势

一、员工职业活动

（一）制定个人评估

制定个人评估是个人职业活动的起点，也是个人职业活动进行的基础。制定个人评估在开始职业活动之前和在职业生活中都具有十分重要的作用。它可以加深对自我的认识和进行准确定位，检验自己在工作中的发展、进步和变化。个人评估主要针对自身五个方面的内容：

(1) 自己的价值取向和职业方面的表现；

(2) 自身的优势和弱势；

(3) 职业、个人满足和人际关系方面的具体目标和重要程度；

(4) 已经拥有和想要掌握的技能；

(5) 最终的目的和量度。

（二）确定工作、企业和行业类型

1．确定工作行业

个人应该首先确定工作行业，然后根据自己的优势和劣势来选择想要从事的不同行业，可以选择技术性行业，也可以选择服务性行业，对想要涉及行业的稳健性和风险性也应该进行辨析和选择。行业是否具有很大的发展潜力是进行行业选择的重要前提，当前的社会经济发展中，最具发展潜力的行业大多都具有高科技背景或知识密集的特征，如电脑软硬件开发、电子通讯、企业咨询、生物工程等类型的行业。

2．搜集相关企业信息

在确定目标行业以后，就要开始搜集涉及该行业的典型企业的信息。参加暑期实习工作或兼职工作，有利于获得更加直观的信息。虽然有些工作经历是相对枯燥的，但这是深入了解企业的有效方法，同时还可以积累工作经验，以便更好地了解自己。除此之外，还可通过网络、报纸、专业杂志、图书馆、学校就业指导办公室、职业中介公司、家庭和亲友等方式来进行搜集企业信息的工作。

3．寻找工作机会

工作的类型多种多样，例如可以选择各种自由职业或是在企业中任职。想要进入大型企业，并在其担任高级管理的职位，首先要先从企业的基层做起，要做到高级主管需要一系列的晋升。传统的晋升途径在各职能部门中主要包括，财务、市场营销、人力资源管理和制造部门。

(三) 准备企业生活

1．进入企业前的准备工作

(1) 企业选择。挑选最适合自己的职业是一门艺术，而进行这项艺术活动最实用并且有效的方法就是借助职业分析表。将每个可能获得的职业都列表，表中列举出每个职业所具有的积极方面和消极方面。借助职业分析表，我们可以认识职业各方面能在多大程度上影响自己以及配偶、朋友、家庭等相关的人，通过系统组织起来的信息进行比较，帮助进行职业决定。

(2) 积累面试经验。要充分把握每一个面试机会。面试是一种具有高度技巧的“自我推销”，其对象是理想的企业，也就是招聘者或是企业的高层管理者本人。面试是给对方留下良好印象的好机会，要充分表现自己的优点，介绍业余活动的经历和表现以使对方了解自己的领导能力和工作自主能力。通过面试中双方的相互交流，对企业的具体情况进行进一步了解也是成功面试的目的之一。

(3) 发展自我意识。要培养分析自我和分析环境的能力，习惯在重要行动之前先做自我评估和工作环境分析，这会在很大程度上降低行动的盲目性。

(4) 描述预期的企业。将想要从企业和工作中学习到的东西，一一列举出来并加以描述，通过各种渠道了解自己感兴趣的企业和公司，然后将实际得到的信息同预期目标相对照。

2．准确了解的企业期望

在真正进入企业之后我们很快会发现，现实的情况同预想的情境具有很大的差别。这时就应该迅速调整观念，以便尽快地适应企业生活。预先知晓企业对员工抱有的期望以及企业给员工带来的失望有助于缩短观念调整期。大多数的企业都对新员工所具备的品质有很高的期望，主要包括：

(1) 胜任企业工作的能力；

(2) 思想正直、品德高尚、意志坚强有力；

(3) 很强的学习能力；

(4) 接受企业现实情况的能力；

(5) 成为企业团队一员的愿望。

（四）争取工作要约

在确定了最初的职业取向并做了充分准备之后，就要开始争取工作要约。为争取要约而做的努力主要体现在三个方面：简历、面试和谈判。

1．准备简历

一份标准的简历应该包括以下内容：

(1) 自然情况：主要包括姓名、性别、出生日期、出生地点、身高、体重、健康状况和家庭状况等；

(2) 学历和工作经历：包括学位、研究专业、就读学校、学习时间、其他技能、原工作单位名称、曾任职务、任职时间、主要业绩和获奖等等；

(3) 学历和其他专业技能的证明文件复印件；

(4) 专业成果简介或推荐信的复印件；

(5) 致求职单位的信，内容包括对该企业的认识了解，所要求的职位，对此工作的概要看法；

(6) 联络方式。

简历的投送面如果很广，就可以将简历设计得精练一些，各类复印的证明和推荐材料可有针对性地加入。简历的投送形式要保持多样化，除了最原始的上门投送和邮寄投送外，还可以运用网络、电子信箱等方式。有条件的话还可以在网络上设置个人资料主页，方便用人单位进行查询和挑选。

2．面试

如果制作的简历初步通过了用人单位的筛选，并且还通过了企业的各种审核，那么接下来的就是面试了。对自己的透彻了解和充分的自信对于成功推销自己具有十分重要的作用。在进行面试时，需要注意以下环节：

(1) 锻炼自己的表达能力和交流能力，但在面试中千万不能滔滔不绝，表现得过火。

(2) 要尽可能多的去尝试其他渠道的面试机会，积累面试经验。面试需要演练，不能放弃那些自己不想去的企业的面试机会，可以利用这些机会积累经验。

(3) 了解面试企业的背景资料，知道这个企业是做什么的，提供哪种产品或服务。询问一些中肯的问题，并说明自己的专业技能和特长能够给企业创造的价值。

(4) 设想产品和服务的推销策略，并以类似的方法向用人单位推销自己。面试的过程虽然是短暂的，但是却要充分利用这个机会，给招聘人留下形象、表达、思维和经验等方面的良好印象，面试可能会起到决定性的影响作用。

(5) 提及能够证明自己领导能力和首创能力的专业活动和业余活动的内容。

(6) 适当引用学术成果，尤其是当招聘者谈及感兴趣并且还有一定研究的工作领域时，招聘者大多会事先浏览简历中业绩成果摘要，适当引用成果既可以证明简历的真实性，又可以作为达成中长期目标，有能力取得优异工作业绩的有力证据。

3．谈判

在进行面试的过程中，很可能会涉及工资待遇的问题，因此谈判会影响到应聘者处理今后的人际关系、能否得到工作、工作后收入的高低等一系列问题。

在对工资待遇谈判中需要注意的是，不能过早地提出工资的问题。在企业有意或决定聘用之前，应聘者对企业来说是没有实质价值的。为了在工资谈判中以尽可能高的收入成交，应该先仔细聆听、发问，确认企业需要所在。接下来要做的是展示能力，使对方明白你可以帮助他们满足这些需要。所以，工资待遇谈判最好放在面试的后期。在了解了应聘者长处和优势之后，在企业眼中，应聘者会比面试前更具有实质性的价值。[4]

(五) 追求卓越

追求卓越意味着在企业中通过自己的努力而得到自己想要的东西，它不仅仅是勤奋工作，而且事情应该向自己预期的方向发展。晋升是卓越工作的结果之一，但不是唯一的结果。赢得上司的赏识和重用，博得他人尊敬的根本原因是企业需要你，你在企业中作用很大，对企业来说你具有很高的价值。追求卓越需要做到以下几个方面的工作：

1. 寻找一个好上级

一个上级有过人的知识和胆识，高效率的行动，才能更好地团结下属，顺利地完成工作，作为他的下属才有可能培养起高度的领导能力。在成功团队中的经历是毕生受益的宝贵财富，但是在这样一个强有力的领导者指挥下工作，下级就可能会缺乏独立性和确定性，但这也是值得的。优秀的上级在企业中极有可能获得迅速的提拔，则他们的下属也就有更多的机会来展示自己的能力，发展自己的事业。

2. 努力工作

想要获得成功，在众多的企业员工中脱颖而出，获得快速晋升的机会，就必须要付出比常人更多的努力。

(1) 保持弹性和开放的思想；

(2) 继续学业上的深造，尤其在专业和管理方面；

(3) 同他人合作，做团队一员；

(4) 在工作中追求突出业绩；

(5) 尽可能多地经历各种环境中各种方式的工作。

3. 持续学习、保持竞争力

在正式进入企业参加工作以后，还要坚持不断地学习，保持勤奋的工作态度。如果不能在工作中保持渴望竞争、持续学习的精神状态，那么成就卓越的可能性

---

[4] 胡君辰，杨林锋. 企业人力资源管理. 上海：格致出版社，2012.

就很渺茫。持续学习既包括不断吸收新的知识，而且包括敢于寻求新的竞争和挑战。在这个过程中，保持开放、好奇的心态是持续学习的关键。

4. 争取晋升

晋升是在企业内获得成功的明显标志，争取晋升是追求卓越有效的近似目标，要争取晋升，就要做到：

(1) 成为“第一”。达到一个新的程度，成为某个领域的“第一”常常会带来更多的回报和关注。出色的常规工作会有常规的价值，而突破常规获得成功的人可以得到更多的回报，这是对创新的奖励。

(2) 调动自身的人际关系网。人际关系网是亲戚、朋友、同学、同事和各种熟人的集合，包括工作环境内外的所有部分。人际关系网可以提供意想不到的信息、服务、支持和其他各种各样的帮助与便利。它会使人变得“神通广大”，这对实现工作的成功具有极为关键的作用。

(3) 赢得上级高层的信任。想要得到企业高层的信任，这意味着需要冒更大的风险，但是在犯了更大的错误时也更容易获得原谅。上级知道他们的潜在价值，他们的成绩更容易被上级觉察，因为这证明了上级判断的正确。一个项目负责人如果不能获得高层的信任和支持，那么他就很难带领其下属取得良好的工作业绩。没有良好的关系，也就很难有足够的影响力，就算是有好的想法和创意也会难以实施。

(4) 成为企业内某方面的专家。专家会赢得他人的信任和尊重，有时甚至比职位更有影响力。在处理涉及专长方面的问题时，人们就会倾向于向专家请教。如果在企业中充分显露自己的专业知识和技能，这样会赢得“专家”的美名。

二、职业生涯的变化趋势

（一）职业生涯理论变化趋势

职业生涯理论的演进过程是一个从职业选择理论到职业发展主动建构理论的过程，这一理论的变化也是一个人在职业生涯管理的实践中由被动转向主动的过程，是一个由静变动的过程。在原来，人们所制定的职业生涯中，最为关注的是个人的“兴趣、态度、特长、资源”等特点以及职业本身的特点，主要关心的是“人和职业”怎样进行充分的匹配、适应，最终获得职业生涯的成功。随着市场经济的不断发展，知识和信息经济时代的到来，也随着无边界职业生涯的逐渐兴起，实现个人职业生涯的成功业已经成为人们进行职业生涯管理最终的出发点和归宿。因此，对职业生涯成功的研究将成为职业生涯管理理论研究的一个重要问题。

1．探索职业生涯成功的新标准

在国外对获得职业生涯成功的标准研究要早于中国，2005 年 5 月，美国的《组织行为学》杂志就集中发表了五位著名的职业生涯理论研究专家撰写的有关职业成功标准的论文，在当时产生了广泛的影响。中国在这方面的研究还比较匮乏。

对职业生涯成功标准的研究中，主要局限在两个方面，即客观成功和主观成功。客观成功指的是，获得社会认可的较高的薪金和职位。主观成功则指的是自我认同、工作满意和精神满足等。这种研究的局限性极易造成人们对职业生涯成功的误导，使人们在追求客观成功的同时，却忽略了主观的意愿、兴趣和社会使命。在对很多人职业生涯的调查中，从客观的标准来看其职业生涯是成功的，但是他们在心理上却有一定的失败感，反过来也是这样。因此，在对个人职业生涯成功的评价中，就不能片面而单一的采用主观或客观的标准。高客观成功低主观成功就说明个人在自身职业发展的过程中出现了人的异化，获得外在的成功的代价是否定了人的自觉生命本质。如果只看到个体在主观方面的成功，只是将自我认同、工作满意和精神满足来作为衡量职业生涯成功的标准，忽视客观方面的成功，这样所造成的结果必然是导致职业成功标准的虚无化。因此，如何对职业生涯成功做出合理并全面的评价，如何找到普适性的标准，这仍需广大的学者们进行深入的研究。

2．获得职业生涯成功的影响因素

从国内外对获得职业生涯成功的研究来看，我们可以将获得职业生涯成功的影响因素分为四个主要方面。

(1) 能力素质因素，包括职业胜任力(Timothy A.Judge 1999) 、专业知识、技能等。

(2) 心理因素，包括职业使命(HALL 和 Chandler，2005) 、自我效能(Appelbaum Steven H，Hare Alan 1996) 、动机、人格特质等。

(3) 技巧策略因素，包括职业规划、目标设置等。

(4) 企业和社会因素，包括种族、企业性质规模绩效、社会资源等(Timothy A.Judge 1995) 。

在这四个方面的因素中，企业和社会层因素属于个体职业成功的外生力量，而其他因素是内生变量；能力素质、技巧策略大多属于智商方面的因素，而心理因素则与情商有很大的关系。根据众多的心理学家研究表明，在个人获得职业生涯成功的各影响要素中，智力因素只占了其中的 20%，而非智力因素，主要指的是情商则占到了 80%。从这里我们可以得出一个结论，那就是心理因素是获得职业成功的过程中一个最为重要的影响因素。因此，如何在人的职业生涯管理实践中构建人的心理资本，即一种积极的心理状态包括希望、自我效能感(自信) 、乐观、积极归因、自我恢复力等，转化成职业生涯成功的心理因素，是在以后的职业生涯管理理论的研究中一个亟待解决的问题，尤其是对中国来说，更是如此。

(二) 企业职业生涯管理变化趋势

随着经济全球化的到来，企业之间的竞争日益激烈，很多的企业由于管理措施不利，导致经营困难，并最终导致破产或兼并。有的企业虽然逃离了破产的厄运，但是在新的经济形势下却停滞不前，这使很多企业员工想要提升的愿望只能破灭，同时也打破了有稳定的发展环境以及在原有经济形势下所建立起来的职业生涯规划或管理。除此之外，由于企业趋向于扁平化，因此就减少了对管理者和普通员工的晋升职位，也改变了原有的企业职业规划。还有的一些企业，在经济迅猛发展的大浪潮中，为了保持强大的竞争力，也只能是不断地裁员，已达到提高经济效益的目的。在这种严峻的形势下，市场中就出现了很多不同的观点，主要有：支持企业职业管理的，怀疑职业生涯管理的，也有持有折衷、修正观点的。

很多的专家学者认为，如果企业想要更好地适应社会不断地变化发展，就应该注重对人的职业管理，尽量留住那些优秀的员工，发展优秀的员工，并且还要不断地吸引优秀的人才进入本企业。在当前新的经济形式下，很多的企业为了实现自身的持续发展，都采用了这样的方式对企业进行了一系列的改革，并取得了很好的成效。有些心理学家从心理契约(Psychological Contract) 的角度对雇佣双方的心理策略变化进行了一系列的研究，可以将此作为这一方面的重要证据。在过去我国市场经济还不完善的情况下，经济发展较慢，企业的变更速度也较慢，因此雇佣双方都较为稳定。企业的员工都是以忠诚、遵从和努力来作为条件，以此换来工作的稳定感，而企业则会提供给个人更多的发展机会，以此来作为留住员工的手段。但随着企业的变更加快，企业破产、兼并增多，员工对企业也就逐渐失去了信任，对工作极度缺乏安全感，在这种条件下，员工就会对企业逐渐失去原有的忠诚和信任，他们不会再像以前那样努力工作。另一方面，为了使企业保持竞争力，企业又需要雇佣更多的员工去更努力地工作，以更充沛的精力去帮助企业竞争、创新和发展。这些所有残酷的现实条件，都在要求企业行为研究者和实践者不得不对调整中的心理契约问题进行充分的考虑，制定出恰当的措施来达到各种目标。如果一个企业要想有长久的竞争力，即使员工倾向于流向好的企业，仍然实施旨在发展员工、关心员工的企业职业生涯管理，不失为一种双赢的策略。

持怀疑观点的人认为，自八十年代中期以来，各种新技术的迅速发展，全球经济模式的转变，给企业发展带来了巨大的压力。为了保持竞争，迎接挑战，很多欧美企业尤其是英国和美国的企业在经营战略和运作模式上做出了重大的调整，企业进行合并、重组、裁员，以此来减少开支，新管理手段的运用虽然为企业带来了一定的利益，但同时也导致了劳动力的富余，使得企业内的雇佣关系发生了改变。雇佣双方的关系，尤其是员工原来形成的平衡被打破了。随着时代的不断发展，企业变更加快，企业职业生涯管理的难度不断加大，因为企业无法对未来的发展做出准确的预测，即使能够对未来进行预测，企业也可以很容易地从外部找到合适的人员，因此就不需要对个人作长期的规划；相反，在企业为个人做出长期的规划之后，如果个人离开企业，那么企业所遭受的损失就会很大。但需要注意的是，一个有着强大市场竞争力的企业，其内部员工的流动率不可能太高，只会有适当小范围的流动，如果出现大规模的流动，这个企业必然会面临倒闭。因此，不将自身的企业作为基础来培养人才，只单单依靠外部引进人才是极为不现实的。

Hall 和 Moss(1998) 坚持折衷的观点。在他们看来，一方面要强调个人要对自己负责，不要过多地依赖企业的职业生涯管理；另一方面，同时主张企业为了使管理满足员工的发展需要，还应采取一些措施，以此来帮助员工获得职业生涯的发展，从而增加员工的企业承诺。例如，企业可以为员工安排一些具有挑战性的工作，提供发展性的雇佣关系，或是提供发展信息和发展资源等。从一定意义上来说，这种观点是企业对个人发展更为负责的表现，因为企业也愿意留住那些优秀的员工，只是由于企业的发展和变更的速度要比想象中的更快，因此企业无法对员工有一个长久的承诺。

还有一些学者认为可以对传统的职业生涯管理进行适度的修改，使之符合当今市场经济形势发展的特点。Dany(1995) 认为，企业的职业生涯管理并不是是否重要的问题，而是所制定的办法和措施能否适应变化发展的形势问题。他主张对企业职业生涯管理的概念进行一定的修正，认为这种职业生涯管理并不一定就意味要改变原有的工作岗位，也并不一定就要进行职位晋升。例如，职业生涯可以通过个人在其工作岗位自主权的扩大或对其业绩评价的提高表现出来。实际上，我们可以谈论一个老师的职业生涯，谈论一个中小企业领导人的职业生涯，同样也可以谈论一个商业部门工作者的职业生涯，他们都需要面临各种不断丰富自己知识的职业尝试，其职业生涯与他们和客户关系的发展有密切的关系，而不是他们的新职务。Adamson (1998) 对职业生涯发展在企业中存在的必要性和可能性问题进行了探讨，认为修正职业生涯的定义最为适合现代企业发展的需要。他们认为，企业的扁平化、流动性、变化多端等因素会使得企业的职业生涯规划变得更加困难，特别对那些管理层员工的职业生涯规划就更加困难了，因此他们才提出了取消传统意义上的企业职业生涯规划。他们认为，职业生涯规划应该是个人的事情，个人需要为了适应企业的发展和变革，不断地调整自己所制定的职业规划，以便适应企业的要求。这样做的主要原因是，在八九十年代，企业竞争异常激烈，破产、兼并、裁员等情况极为普遍，员工所拥有的职业安全感迅速下降。面对这种情况，员工个人只有提高自身的能力，不断地进行学习，才能适应企业变革的需要。如果企业取得良好的效益，那么就可以继续被得到雇佣；如果企业的效益不佳，可以选择跳槽；如果企业倒闭，还能够很快地找到工作。实际上，员工个人职业管理的加强，也对企业有益，如果企业的员工都具有很强的竞争力，那么就会使整个企业拥有强大的竞争力；由个人和企业共同对职业生涯的管理，还可以提高员工参加企业职业管理的积极性，从而保证企业职业生涯管理的有效性。从消极的方面看，如果企业在生产经营中遇到困难，裁员的难度也会因个人的职业适应性的改善而减小。

从职业生涯管理的发展历程可以看出，在七十年代到八十年代的西方，位于主导地位的是企业职业生涯管理。随着企业稳定性的下降，企业倒闭、兼并、裁员情况的增多，使员工对企业的信任感产生了动摇，能否长期提供工作产生了动摇，于是开始对自己的职业前景进行重新地考虑，这样就逐渐变成了职业生涯管理的主体，现在主要实行的是企业与个人共同进行职业生涯的管理，在不久的将来，企业的职业生涯管理可能会完全由个人来制定规划。Hall 和 Moss(1998) 敏感地观察到了这种变化，他们认为职业管理的主体在发生变化，未来的职业发展将主要由个人管理，而不是企业管理；未来的职业生涯发展需要不断地学习，是自我导向的、是关系式的、是在挑战性的工作中进行的；未来的职业发展并不一定是正式的培训，不一定是再培训，也并不一定是向上流动。虽然在经济高速发展的今天，职业生涯管理被赋予了新的内涵，但职业生涯管理的作用却不能忽视。职业生涯的自我管理具有重要的作用，它不仅关系到个人的生存质量和发展机会，并且还可以保证企业员工的竞争力，进而保证整个企业的市场竞争力，这就说明企业在变化莫测的市场环境中生存和发展的空间也会相应地扩大。

从上述中，我们可以看出，实际上职业生涯管理由个人和企业双方共同来实施是最为理想的。由于企业员工的频繁变动，不仅提高了企业的人力资源管理的成本，造成实施困难，并且还会使个人与企业的关系愈加恶化，降低个人的持续创造力和满意度。特别是在当今知识经济的背景下，企业的核心竞争力是决定企业生存发展的关键，因此就更要重视对影响核心竞争力的重要人物实施职业生涯管理的作用。

第四节　企业变为员工职业生涯发展的支持者

在面对裁员、全球竞争加剧、客户需求提高、管理层级减少、员工授权增加以及其他现代管理实践所带来的压力时，员工的工作生活已经发生了改变，而且并不都是好的改变。这时，人力资源管理者就要成为员工的支持者，从各方面为员工在企业的发展提供帮助。

一、提高员工贡献的挑战

现在工作的要求比以往高出了许多，员工总是被要求用更少的资源做更多的工作。当企业不再提供职业生涯发展甚至工作保障时，员工就开始重新考虑他们对企业的贡献与承诺。如果企业取消使用基于工作保障和职位升迁的旧雇佣合同，取而代之以虚幻的信任和期望，员工也会以牙还牙。他们会把自己与企业视为交易关系：他们会贡献时间，但不会尽最大的努力。员工开始满足于基本的工作能力，不再试图超越，也不再全身心投入企业业务中。

这些效应可能发生在不同层级中。某家企业刚经历过裁员的痛苦，该企业的一位高管担心员工未来只会“动手、动脚”，而不会“动脑”。他担心由于重组的问题，会有更多的员工只愿投入时间，而不愿投入心力。另一位高管则因为一位为企业服务了35年的老员工在退休离职面谈时对他说的一番话而感到难过，这位员工说：“在过去15年里，你利用了我的时间和体力，却没有得到我的头脑。”他说他其实有几百个能够改进业务运营的想法，但是既没有人问过他，也没有人在意他的想法和意见，他只好把它们留在自己脑海中。实际上企业员工的想法要么没有机会表达，要么提出来后没有人落实，所以他们现在只是简单地动手动脚，但不动脑。

员工贡献已经成为企业的关键课题，因为企业希望用更少的员工创造更多产出，而实现这一点的唯一方法就是不仅要让员工贡献体力，还要让他们贡献头脑乃至灵魂。当员工感到能自由分享想法，感到企业的大人物把员工利益放在心上，感到自己和企业之间的雇佣关系健康而且有价值，员工的贡献度就会提高。

在建立良好的企业员工关系的过程中，作为业务伙伴的人力资源管理人员扮演了关键角色。如果没有人倾听员工心声，没有人关注员工利益，许多在企业之外另有机会的员工就会选择跳槽。如果没有人关心员工的日常需求，员工对企业的贡献就会降低；如果没有人倾听员工声音，他们可能会就此沉默，而让企业付出代价。

当人力资源管理人员维持了高水平的员工贡献时，他们就成了业务伙伴。在过去，这意味着人力资源管理人员要处理员工的社交需求：野餐、派对、联合募捐活动等。而现在，这些活动的重要性已经降低，但员工的需求并未减少，成功的人力资源管理人员要确保员工的承诺水平，就必须认真找到替代活动。

员工的贡献和承诺并不只是人力资源管理人员的责任，直线经理在许多确保员工承诺的行动中负有首要责任。许多直线经理宁愿选择“老办法”：让人力资源管理部门承担起所有与人相关的事务，他们自己则只管业务。因此，人力资源管理人员必须努力通过研讨会、沟通、员工调查等方法，引导、培训直线经理肩负起激励员工士气的责任。例如，惠普对于直线经理的绩效评估就考察了员工敬业度调查的得分趋势，以及直线经理行动计划执行质量的趋势。调查评分和行动计划也是业务评估的重要内容。

二、理解员工贡献的框架

要成为成功的员工支持者，需要一个概念框架，用来界定人力资源管理人员在员工贡献方面可以做出哪些改进。来自企业领域之外的一些理论与研究，为澄清员工支持者这一企业角色提供了最佳的框架。

（一）青少年的抑郁问题研究

青少年的抑郁问题已经越来越普遍，对于这一问题的成因，其理论揭示一般聚焦于对青少年提出的要求和提供的资源之间的不均衡。

儿童在跨入青少年阶段时，会面对许多非常真实的要求。社交上，他们要学着融入家庭以外的群体中；生理上，他们要学着应对荷尔蒙和其他性成熟带来的变化；认知上，他们必须面对学业与职业生涯期望的问题。这些要求具有一些共通的特征：第一，它们是无法规避的，它们会无视社会阶层而影响每个青少年；第二，它们都是真实存在的，不能被否认或忽视；第三，这些要求都是认知上的，青少年会认识到这些要求与他们自己及其他人对自己未来的期望有关。

看起来这些要求就是导致抑郁的原因，其实不然。青少年抑郁并不是因为这些高要求本身的难度，而是因为与难度本身相比，青少年拥有的资源太少了(见图 8-1) 。资源指那些能为个人提供能量，帮助他们应对外界对自己的要求的活动。简单来说，当青少年感到自己“无法应对这么多要求”时，处理能力的不足与这些要求本身共同导致了他们的抑郁。许多资源能够提高处理高要求的能力，包括在同龄人、成年人和家人中都有朋友般的支持。

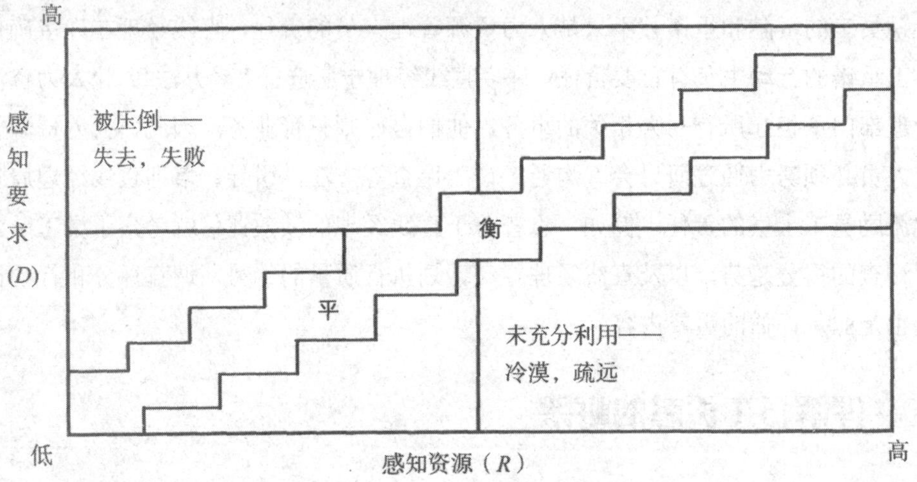

图 8-1　青少年的感知要求和感知资源

当 $D>R$，或者 $R>D$ 时，就会出现抑郁。

图 8-1 中展示了一个简单的有助于揭示青少年抑郁问题的“要求/资源”框架。

(二) 员工的抑郁问题

用来理解青少年抑郁问题的要求/资源框架，也可用来框定在处理员工贡献时的人力资源管理角色。员工面对的要求越来越高：更全球化、更快响应客户、更灵活、更多学习导向、更多团队驱动、更高生产力，企业必须认识到这些要求是真实存在而且无法规避的。为了更具竞争力，企业必然会对员工提出更多的要求，这些要求造成的影响不容忽视。

随着要求越来越高，员工的抑郁问题就可能出现了。某些表现是员工出现抑郁问题的征兆(见表 8-1) 。出现这些表现的根本原因可能是：员工觉得企业对他们的要求超出了给他们的资源；他们觉得自己接受的现有资源不足以支撑完成工作。与青少年的抑郁问题一样，员工的抑郁并不是来自高要求(因为企业的竞争需要必然导致高要求) ，而是来自他们缺乏足以应对这些要求的资源。

表 8-1　员工抑郁状况评估

员工抑郁的征兆	普遍程度 (1=低；4=高)
1．员工觉得他们的工作不被认可或不被欣赏	
2．员工觉得他们的工作和生活不均衡，太多精力花在了工作上，对个人和家庭投入的精力太少	
3．员工感叹、缅怀过去的工作，觉得那时很好	
4．员工觉得无论他们怎么努力，都不能满足企业的要求	
5．员工感到无法控制工作的数量和质量	
6．高潜力和有价值的员工不只对猎头行为做回应，而且会主动离职	
7．员工与压力相关的医疗保健费用增长得比其他方面快	
8．员工觉得上级不了解或不关心他们面临的实际情况	
9．员工不愿意或羞于在工作场合谈论个人事务(如爱好、家庭等)	
10．员工脾气急躁，常为琐事争吵	
11．员工士气低下	
12．员工花更多时间思考如何保障他们的职业发展，而不是如何服务客户	
13．员工抱有逆反心态，消极地遵守规则，被动地执行任务	
14．员工更多地在非正式场合谈论不满意和疑虑，而不在正式的沟通渠道谈论	
15．员工在工作中觉得无趣，总是抱怨工作很难	
16．员工觉得难以承诺完成工作	
17．员工感到职业发展的机会渺茫，或无法掌控自己的职业发展	

续表

员工抑郁的征兆	普遍程度(1=低；4=高)
18．员工被要求做得更多，但他们认为自己没有掌握所需的资源	
19．员工感到被一些例行公事束缚了	
20．员工感到对按要求完成任务已经力不从心了	
21．员工总是说被紧张感和新压力压迫到筋疲力尽	
22．员工嘲笑企业的新举措和计划只会让他们的工作更困难	
23．员工看不到更努力工作能得到什么	
24．员工不知道如何庆祝他们工作上的成功	
25．当一天工作结束时，员工知道他们可以做得更多更好，但他们没有要这样做的意愿和决心	
	总分：

由此看来，人力资源管理人员应该在和员工的日常接触、离职面谈、员工调查及员工关系活动中，及早发现员工抑郁的征兆。作为员工支持者，人力资源管理人员也应该努力解决这种资源、要求不均衡的问题。但这并不像看起来那么简单，因为尽管要求与资源取得某种程度上的均衡是必要的，但取得完全的均衡反而是错误的。员工的事业心(也是企业对员工要求的一种形式) 应大于被提供的资源，处于低要求、少资源状态下的员工将接受现状，不再有学习或改进的机会。

当要求和资源达到适度均衡时，员工就能对企业做出贡献。他们将能够承诺改进，并具备足够的能力完成所需的改进。为确保员工贡献，人力资源管理人员应成为推动资源与要求均衡的观察者、发起者和倡导者，为他们自己，也为他们所服务的直线经理和员工。

三、应对需求、资源不均衡的挑战

有三个方案可以用来解决要求、资源不均衡和员工贡献问题。第一，减少要求。帮助员工减轻工作负担，与现有资源达成均衡。第二，增加资源。帮助员工获取新资源，使他们能完成工作。第三，变要求为资源。帮助员工学着把要求转化为资源。

（一）减少需求

在现代企业中，员工被要求很多，帮助员工把合理的要求挑出来，并尽可能去掉没有根据的要求，将有助于他们达成均衡。人力资源管理人员可以采取一些具体措施来减少对员工的要求。

1．设置优先级顺序

设置各个要求的优先级顺序将可以看出哪些要求是不必要的。通过设定优先级，就可以看出哪些工作值得做好，哪些不值得一做。

2．主题聚焦

对员工的要求过高可能因为目标不聚焦。只开展少数关键行动，工作就能更聚焦。因此，企业必须将多重活动整合成同一主题下，才能进行聚焦。某种程度上，这种包罗万象的共同主题不如单一主题来得重要。例如，柯达公司 CEO 乔治·费舍尔将“品质”作为共同主题；西尔斯的 CEO 亚瑟·马丁内兹聚焦于使西尔斯成为一个让员工工作、客户购物及投资人投资时感到激动的地方；贺曼公司的 CEO 伊夫·霍克戴则聚焦于产品领先。

不管什么主题，这些有效的活动必须整合在一起才能达成目标。史蒂夫·科尔认为，整合了的主题就像拉着许多不同车厢的火车头，单个车厢(活动) 的方向可能会改变，但是火车头会沿着一个轨道去拉动所有车厢。人力资源管理人员既要帮助员工设置工作优先级，也要帮助他们聚焦工作。

3．流程再造

许多优秀书籍探讨了流程再造的基本原理。用来减少工作要求以加强员工贡献的流程再造方法包括合理化、自动化和简化。简化复杂流程就减少了对员工的要求。

人力资源管理人员可以通过理解流程再造的原则，并将其应用到工作和业务流程中，帮助员工减少工作要求。许多情况下，即使通过周密的优先级设定、主题聚焦和流程再造，对员工的要求仍然会持续增加。毕竟，不论去除或减少多少要求，激烈的竞争仍将继续。

（二）增加资源

不是所有的工作要求都能减少的，特别是当业务要求在应对激烈的市场竞争中增加时。许多情况下，远离激烈竞争的市场就等于失败。参与全球竞争的企业不可避免会增加对员工的要求。人力资源管理人员可用来响应这些要求的资源包括价值观、实践和行动，其具体的策略如下所述，这十类策略被总结为一个评估工具(见表 8-2) 。

表 8-2　要求、资源诊断表

资源 我的工作单位在下列各方面的程度如何？	得分 很少=1 分，经常=10 分
控制权：由员工控制完成工作的关键决策过程	
承诺：员工必须拥有可以引领他们努力工作的愿景和方向	
新挑战性工作：给员工挑战性工作，让他们有学习新技能的机会	
合作和团队协作：员工以团队协作的方式达成目标	
文化：工作环境提供庆祝、娱乐、兴奋和公开交流的机会	
报酬：员工可以分享工作成果达成后的收获	
沟通：员工可以经常和管理层公开坦诚地共享信息	
关心员工：每个人被有尊严地对待，尊重差异	
信息技术：员工能够使用有助于简化工作的信息技术	
能力素质：员工具备做好工作的技能	
总分	

1. 授予控制权

在一个经典的管理科学实验中，员工被授权对组装生产线的速度予以控制。管理者原本担心员工会借机偷懒而导致生产效率下降，却惊讶地发现，在能够控制自己的工作时，员工做得更快。

控制有多种方式，如通过工作进度表来控制。弹性工作时间已经让许多企业成功维持了员工承诺。在早期的微软公司，程序员在为新操作系统编写成千上万行代码时承受了极大的压力和要求。这些程序员可以控制自己的工作进度，他们没有考勤钟，也不被任何人监控。给员工完全的控制权让他们应对要求，这一点正是微软成功的关键因素之一。

通过授权和放弃控制权，直线经理向员工表达了他们对员工把工作做好的能力和意愿的充分信赖。分享控制权表现了对员工的信任，也提高了员工的贡献。

2．赋予有挑战性的工作

枯燥的工作会令人筋疲力尽，许多甚至是致命的。让员工做越来越多枯燥的工作完全是自找挫折。让工作更有挑战性对于员工来说是非常必要的。世界领先的生物科技公司安进公司不断地寻找能够变成产品的新基因和生物技术，它要求公司的科学家在研究、应用和产品推出时间等所有方面做到卓越。大量的技术支持、最先进的实验室及极具挑战性的工作持续激励着这些科学家，他们知道自己是在做最前沿的研究，既能为科学界，也能为安进创造价值。

3．促进团队协作

团队往往能把平凡的个人努力变成非凡的成功。针对高绩效团队的研究清楚表明，团队常常能充分利用普通的个人才能实现卓越的集体成果。在面对高要求时，团队往往比单打独斗的个人更能找出好的解决办法。

团队可以是正式的企业实体，也可以是任务团队，还可以是非正式的支持小组，它们在高要求期间提供对员工个人，情绪与智力的支持。在正式层级之外，一些非正式的学院式团体帮助他们的员工寻找满足要求的方法，并提供讨论问题、寻找创造性解决方案的场所。支持小组、俱乐部、社交活动、专业协会、少数群体和其他非正式团队，都能成为个体员工解决问题的资源。

4．充分利用信息技术

新科技可能会增加工作要求(员工必须学会以新方式工作)，也可能增加资源供给(以不同方式做事的能力)。作为一种资源，科技可以促进信息共享、简化工作流程，从而消除工作障碍。比如，计算机就可以取代或减少固定、标准化的事务性工作。

不论是否处在相同的工作时间或地点，科技都为员工提供了有效的沟通方式，使他们在互动中产生属于同一社群的感觉。了解技术手段(如视频会议) 的人力资源管理人员可以将技术作为资源，节省员工时间，简化员工的信息共享(例如，使员工在家工作变为可能) 。

5．发展员工能力素质

当对员工提出的工作要求增加时，企业必须设法使他们掌握应对工作要求的必要技能，许多企业在员工培训发展和学习上投入巨资。

总体而言，员工的培训与发展分为 4 种类型。

第一，企业投入开发系统化的管理课程，促进员工职业生涯每个阶段的发展。

第二，企业建立了一套经验成长体系，让员工从中获得必要的技能。其中包括工作分派、任务团队、见习学徒、轮岗等方式。这种培训发展基于人可以在工作中学习的假设，给员工新的工作挑战，就能让他们从经验中学习。

第三，员工可以从行动学习培训中获得胜任能力。行动学习指完整的工作团队参加的聚焦于某个真实业务问题的培训活动，这种成长经验不但能让员工学会一系列技能，也能学会如何应用这些技能。

第四，在团队中工作的员工可以讨论手边的业务项目，讨论团队工作的本质与机制，在这个过程中强化他们的能力素质。许多团队会通过一些本职外的活动来强化成员的团队协作能力，人力资源管理人员应将这 4 种培训发展方式融为一体，以确保员工具备足够能力应对工作要求的增加。

(三) 把要求化为资源

1．重视离职面谈

即将离职的员工可能是管理层了解问题真正所在的最佳信息来源。与离职员工进行面谈的人力资源管理人员有机会了解公司的政策或管理行为是如何变成对员工提出的要求的。收集整理离职面谈的资料，人力资源管理人员可能会找出减少对员工要求的方法。

2．帮助新经理融入

新晋升经理经常会增加对员工的工作要求。员工在向新经理汇报时，对新经理的期望、工作风格、行为方式和经验水平并不确定，这种不确定增加了员工的压力水平。因此制定一个系统性的新经理融入流程是非常必要的，可以有效帮助员工克服不确定感，使员工更顺畅地过渡到与新经理共事。具体来说可以采用以下方法。

(1) 员工分组讨论，列出有关新经理的所有问题(如个人背景、工作习惯和期望等）。

(2) 新经理与员工见面，并尽可能公开坦诚地回答员工的疑问。

(3) 新经理与员工分享他在与员工共事时的关注点和发现的问题。

(4) 员工分享对工作流程的期望，包括决策、冲突解决、目标和角色。

事先投入准备工作，将能用更少的时间和资源，把领导的变更转化为有效的工作关系。人力资源管理人员可以帮助设计与推动这种加速融入的机会。

3．周全考虑员工家庭因素

工作上的要求往往会变成对家庭的要求，通过考察影响员工家庭的问题，人力资源管理人员可以将工作要求变成资源。

关怀员工家庭的企业会将员工家庭因素纳入政策与执行的范围，方式有很多，例如企业在面试员工时邀请其伴侣和子女一同前往，让他们对于可能出现的搬迁需要予以理解和感到舒适；企业设定了充分的员工假期政策，如产假与陪产假、病假、照顾父母假等，帮助员工缓解压力；企业设立托儿所或企业提供育儿支持项目，帮助员工在工作与家庭间取得平衡；还有企业支持的家庭度假、郊游和业余活动(如运动联赛和社区活动）、大型活动等，有助于员工整合工作与家庭的要求。正进行全球化拓展的企业可以提供员工家庭的培训计划，帮助其家庭适应全球环境及任职海外的生活。

尽管这些以员工家庭为核心的活动并非适用于所有员工，但是仍有助于让某些员工的家庭更加理解与支持，帮助员工平衡工作与家庭的要求。

4．让员工参与关键决策

通过让员工参与与之相关的决策制定，有可能把工作要求转变为资源。让员工参与决策，通常是指与他们共享决策的背景与依据。越充分地参与决策过程，包括形成决策、收集信息、拟定备选方案、提出建议和决策执行，员工越会努力地承诺和达成成果。

将员工纳入决策全程，能减轻他们的被控制感，提高他们的承诺感。员工介入决策的范围包括分享信息、提供建议和备选方案、共享决策权力、共担决策的责任。他们参与的程度越高，越能感觉自己是决策的一部分，就越能把工作要求转化为资源。

参考文献

[1] 宝利嘉．如何评估和考核员工绩效[M]．北京：中国经济出版社，2001．

[2] 常凯．劳动关系学[M]．北京：中国劳动社会保障出版社，2005．

[3] 陈晓萍．跨文化人力资源管理[M]．北京：清华大学出版社，2005．

[4] 董克用．人力资源管理概论[M]．北京：中国人民大学出版社，2015．

[5] 方华，邱伟年．人力资源管理[M]．北京：中国对外经济贸易出版社，2003．

[6] 葛玉辉．人力资源管理[M]．北京：清华大学出版社，2012．

[7] 胡君辰，郑绍濂．人力资源开发与管理[M]．上海：复旦大学出版社，2002．

[8] 金延平．人力资源管理[M]．大连：东北财经大学出版社，2002．

[9] 廖泉文．人力资源管理[M]．北京：高等教育出版社，2003．

[10] 刘翠芳．现代人力资源管理[M]．北京：北京大学出版社，2006．

[11] 王乃静，刘桂萍．中小企业人力资源管理五日通[M]．北京：经济科学出版社，2007．

[12] 刘昕．人力资管理[M]．北京：中国人民大学出版社，2012．

[13] 马春光．国际企业跨文化管理[M]．北京：对外经济贸易大学出版社．2004．

[14] 秦百玲．培训游戏大全[M]．北京：企业管理出版社，2002．

[15] 孙宗虎．人力资源规范化管理工具箱[M]．北京：人民邮电出版社，2008．

[16] 陶永进．员工培训管理实训实战实务[M]．北京：人民邮电出版社，2015．

[17] 汪玉弟．人力资源战略管理[M]．上海立信会计出版社，2007．

[18] 王德清．中外管理思想史[M]．重庆：重庆大学出版社，2005．

[19] 王林生，范黎波．跨国公司经营理论与战略[M]．北京：对外经济贸易大学出版社，2004．

[20] 王少东，张国霞，邓瑾，等．企业人力资源管理[M]．北京：清华大学出版社，2012．

[21] 文跃然．薪酬管理[M]．上海：复旦大学出版社，2005．
[22] 吴能全，许峰．胜任能力模型设计与研究[M]．北京：高等教育出版社，2003．
[23] 吴小平．如何提升员工满意度和员工敬业精神[M]．北京：北京工业大学出版社，2004．
[24] 许玉林．中国式人力资源管理[M]．北京：北京高教音像出版社，2015．
[25] 余建年．跨文化人力资源管理[M]．武汉：武汉大学出版社，2007．
[26] 张爱卿．人力资源管理[M]．北京：清华大学出版社，2015．
[27] 张德．人力资源开发与管理[M]．北京：清华大学出版社，2002．
[28] 赵曙明．跨国公司人力资源管理[M]．北京：中国人民大学出版社，2000．
[29] 赵涛．人力资源工作制度规范与流程设计[M]．北京：北京工业大学出版社，2009．
[30] 黄立军．中小企业人力资源管理实务[M]．广州：广东经济出版社，2008．
[31] 周文成．人力资源管理：技术与方法[M]．北京：北京大学出版社，2010．
[32] 朱飞．绩效管理与薪酬激励全程实务操作[M]．广州：广州经济出版社，2006．
[33] 邵冲．人力资源管理[M]．北京：中国人民大学出版社，2013．